Anna MANCINI

¿Cómo Nacen Los Inventos?

Un Método Efectivo Para Aumentar La Frecuencia De
Los Sueños Innovadores

Buenos Books America
www.buenosbooks.us

Buenos Books America: www.buenosbooks.us

ISBN: 978-1-963580-12-9

INDICE

PREFACIO

En 1986, mientras escribía mi tesis doctoral en el campo del derecho de patentes, me presenté a un concurso en el que uno de los miembros del jurado era Bernard CHENOT, entonces secretario permanente de la Academia de Ciencias Morales y Políticas. Después de nuestra entrevista, Bernard CHENOT me invitó a asistir a las sesiones de los lunes, durante las cuales la Academia se reunía para escuchar a los ponentes que había elegido. Así fue como pude, ese año, ver y escuchar a todos los grandes investigadores franceses y extranjeros que la Academia había invitado para hablar sobre el proceso mental de la creación científica. Conocí a François JACOB, Jean-Claude PECKER, Laurent SCHWARTZ y muchos otros académicos que me libraron definitivamente de la idea en boga en la facultad de derecho de que solo la racionalidad sería útil para la ciencia. Estaba claro al escuchar a estos investigadores tan famosos que, sin los sueños, la intuición y la imaginación, los investigadores no llegarían muy lejos.

François JACOB[1] (biólogo Premio Nobel de Medicina), contó a los académicos cómo tuvo, en un cine, la repentina intuición que le permitió hacer un descubrimiento muy importante en el campo de la genética. Intuición que luego verificó a través de la experimentación. Mientras que Jean BERNARD,[2] después de haberles recordado que Einstein afirmó: "La imaginación es el verdadero terreno de la germinación científica" se preguntaba: "La intuición del artista, la intuición del científico ¿son similares o son diferentes?"

François JACOB[3] declaró entonces: "La ciencia de día pone en juego razonamientos que se articulan como engranajes, resultados que tienen la fuerza de la certeza..." "La ciencia de noche, por el contrario, vaga ciegamente... Lo que guía a la mente entonces, no es la Lógica; es instinto, intuición". Y agregó: "Nada permite decir aún si la nueva hipótesis (de la *Ciencia nocturna*) irá más allá de su primera forma de borrador para refinarse, para perfeccionarse. Si resistirá la prueba de la lógica. Si será admitida en la *Ciencia del Día*". Jean HAMBURGER[4] estimó que: "La biología y la medicina no solo han progresado a través de la observación y de nuevas herramientas, sino que han progresado en el arte de razonar. Durante siglos, los investigadores se debatían entre dos tentaciones opuestas: la arrogancia subjetiva, que cree poder sacar la verdad de la imaginación sola, y el realismo pasivo, que se limita a acumular hechos observados y teme toda reflexión. Gradualmente, se hizo evidente que el método efectivo requería un justo equilibrio en el diálogo entre la información objetiva y la imaginación del investigador..."

6

En cuanto a los descubrimientos matemáticos, Laurent SCHWARTZ[5] declaró que: "Todo comienza en un momento dado con la aparición de una idea. De repente, nos hacemos una pregunta para la cual no tenemos respuesta. Es todo lo contrario de lo que hacemos en clase, pidiendo a los alumnos: "demostrar que…"

Desde esta serie de conferencias, he continuado explorando las condiciones sobre las cuales surgen las ideas inventivas. Este tema no había sido abordado por estos ilustres investigadores que se contentaron con tener de vez en cuando nuevas intuiciones e ideas sin saber por qué. Sin embargo, si miramos más de cerca, una idea nueva nunca es el resultado de la casualidad, necesariamente resulta de un conjunto de circunstancias favorables a su ocurrencia. Por el contrario, el hecho de no obtener muchos logros, en cuanto a descubrimientos tecnológicos y científicos, resulta de un cierto número de condiciones que son desfavorables para la innovación científica. En base a esta observación, pensé que sería interesante desarrollar un método para comunicarse de manera más efectiva con el subconsciente que, según los investigadores, estaba en el origen de toda gran innovación. Así sería posible ponerse en las mejores condiciones para obtener de él respuestas a nuestras preguntas conscientes, en lugar de esperar un golpe de suerte.

INTRODUCCIÓN

Invitados por la Academia Francesa[6] para analizar el proceso mental de la creación científica, los más grandes estudiosos contemporáneos han pintado unánimemente el cuadro de una ciencia moderna que, lejos de responder a una lógica fría, sitúa en el origen de los mayores descubrimientos de nuestro tiempo al ser humano, sus intuiciones y sus sueños creativos. Según los científicos, es claro que la intuición y los sueños muestran el camino del descubrimiento y que la lógica solamente permite su manifestación a través de la experimentación. Pero también es claro que las condiciones para el surgimiento de nuevas ideas a través de los sueños o a través de la intuición se atribuyen al azar y a la casualidad. Como resultado, dichas condiciones han permanecido totalmente inexploradas por la ciencia. Sin embargo, para esta misma, sería de gran interés intentar comprender por qué y cómo los sueños y la intuición dan lugar a nuevas ideas. Las ideas inventivas nunca suceden por casualidad. Así como existen condiciones óptimas para que ocurran, también existen condiciones óptimas para que no ocurran.

Respecto a la carrera mundial por la innovación, imagina cuál habría sido el enorme avance si los investigadores e inventores, quienes en lugar de esperar a que la suerte les sonriera, habrían aprendido a aprovechar los sueños para acceder a nuevas ideas. El estudio racional (libre de toda leyenda, superstición y creencia religiosa o no) del proceso onírico abre las puertas a la comprensión del fenómeno inventivo y permite comprender por qué ciertos individuos son claramente más creativos que otros y también permite comprender lo que impide ser creativo. Es a través de los sueños que la humanidad siempre ha tenido acceso a ideas fundamentales que han marcado el curso de nuestra historia. Pero estas ideas fueron atribuidas la mayor parte del tiempo a la intervención divina, a la casualidad, y a la suerte. A pesar de los tabúes que pesan mucho en este campo, los investigadores de renombre hablan a veces de los sueños que les han traído nuevas ideas. Por ejemplo, el ruso Dimitri MENDELEYEV aseguró haber soñado con la tabla periódica que lo hiciera famoso.[7] El erudito KEKULE, químico alemán que descubrió la fórmula del benceno a partir de un sueño que tuvo mientras dormía cerca de su chimenea.[8] Muchos otros científicos han usado sus sueños para hacer descubrimientos fundamentales, pero nunca lo sabremos con certeza porque muchos preferirían callar antes que enfrentarse a críticas y/o represalias por parte de colegas de mente estrecha. Pero los eruditos no son los únicos que duermen y, por lo tanto, sueñan. Los sueños inventivos, de hecho, suceden mucho más a menudo a los inventores que a los científicos como he visto en mi práctica profesional. Menos agobiados por el peso del conocimiento universitario, los cerebros de los inventores y, en particular de los autodidactas, suelen estar mucho más abiertos para acoger nuevas ideas. Y por supuesto, estas personas son mucho más libres para hablar de sus sueños innovadores. Al codearme con estos inventores a los que aporté mis conocimientos jurídicos, pude buscar en la práctica por qué surgen los sueños inventivos y cómo provocarlos. Explorando el conocimiento disponible sobre los sueños y el proceso del sueño mismo, descubrí que algunos científicos han estudiado exclusivamente el cuerpo humano y han observado los ciclos del sueño, la actividad neuronal, los efectos de varias drogas y los efectos que causa la privación del sueño. Mientras que los otros se han centrado principalmente en comprender el significado del lenguaje de los sueños y en estudiar los sueños estadísticamente, excluyendo casi por completo el funcionamiento fisiológico de los soñadores. A partir de estas observaciones, el sentido común me llevó a concluir que, dado que cuando soñamos lo hacemos gracias a nuestro cuerpo y a través de él, sería mediante la observación de las relaciones entre los sueños y la realidad ambiental de los soñadores que yo tendría más posibilidades de encontrar lo que estaba buscando. En otras palabras, pensé que era necesario estudiar junto lo que hasta entonces se había estudiado por separado. Así que inicié entonces un paciente trabajo de investigación, observación y experimentación que duró más de diez años, y del cual hago aquí una rica síntesis que ningún otro método de análisis de los sueños podría aportar. A través de esta investigación, se destaca claramente la importancia del papel que juega el cuerpo humano en su conjunto en el cruce del sueño y la realidad, así como el papel del cuerpo humano como transmisor y receptor de información. Gracias al método de trabajo que he desarrollado a lo largo del tiempo y que compartiré contigo en este libro, tú también podrás hacer muchos otros descubrimientos personales importantes para ti.

Por lo tanto, presentaré en el primer capítulo lo que descubrí sobre el funcionamiento del cuerpo humano en el cruce de los sueños y la realidad. En el segundo capítulo, compartiré el método de trabajo que utilicé para llegar a estas conclusiones y permitirte comprobar por ti mismo lo expuesto en él. A continuación, te hablaré de los resultados que consigue este método. En el cuarto capítulo te explicaré un método que te permitirá comunicarte efectivamente con tu subconsciente. Y en el último capítulo te explicaré cuales son las mejores condiciones para obtener sueños inventivos y cómo detectar y eliminar los obstáculos que pudieran impedir la ocurrencia de los dichos sueños.

CAPÍTULO 1: EL FUNCIONAMIENTO INEXPLORADO DEL CUERPO HUMANO EN EL CRUCE DEL SUEÑO Y LA REALIDAD

Para comprender el fenómeno onírico, hay que ir más allá del sueño, que es sólo una parte de un proceso mucho más amplio. No debemos aislar el sueño del entorno material e inmaterial en el que se produce. Al hacerlo, podemos observar el papel que juega el cuerpo humano en el cruce del sueño y la realidad, lo que responderá a muchas preguntas sobre los sueños y muchas otras áreas. Entonces, comencemos por observar el entorno natural en el que ocurren los sueños. Cuando observamos la vida terrestre, podemos notar la existencia de dos órdenes de realidad: lo que llamaremos "un mundo material" o "mundo tangible" y un "mundo inmaterial" o "mundo intangible". El mundo material está formado por todo lo que podemos tocar, ver, mover, por ejemplo, una flor, una piedra, un barco y también el cuerpo humano. El mundo intangible incluye cosas intangibles que no podemos ver ni tocar. Se trata de "cosas inmateriales" como ideas, sentimientos, emociones, perfumes y también del espíritu humano. Podemos representar así de manera esquemática estas primeras observaciones sobre el mundo en el que se produce el sueño.

Diagrama n° 1:

EL MUNDO

TANGIBLE | **INTANGIBLE**

TODO LO QUE SE PUEDE TOCAR Y EL CUERPO HUMANO

EL CUERPO HUMANO

LA MENTE HUMANA LAS PALABRAS LAS PROMESAS LAS IDEAS LOS PODERES Y TODO LO QUE NO SE PUEDE TOCAR

los pensamientos

Solo tienes que mirar un poco más profundo para ver que este patrón es incorrecto. De hecho, presenta dos mundos separados mientras que en realidad el mundo material y el mundo inmaterial están entrelazados. La compenetración de estas dos dimensiones se da especialmente en el ser humano. Cuando Sören KIERKEGAARD escribió: "El hombre es una síntesis de infinito y finito",[9] es esta realidad la que quería traducir. La siguiente representación esquemática del entorno en el que se produce el sueño es más precisa.

Diagrama n° 2:

EL MUNDO

TANGIBLE   **INTANGIBLE**

TODO LO QUE SE PUEDE TOCAR

EL CUERPO HUMANO

LA MENTE HUMANA LAS PALABRAS LAS PROMESAS LAS IDEAS LOS PODERES Y TODO LO QUE NO SE PUEDE TOCAR

los pensamientos

A través de este diagrama podemos observar que con su cuerpo el ser humano pertenece al mundo material, mientras que, con su mente, sus ideas, sus sentimientos, sus sueños o sus olores pertenece al mundo intangible. En otras palabras, las personas son como un puente entre lo visible y lo invisible. Este aspecto de la vida humana no había escapado al sentido de la observación de las sociedades que consideramos primitivas y que de ese aspecto habían sacado numerosas conclusiones en cuanto a su filosofía de vida. Por el contrario, nuestra civilización estando mucho más interesada en el mundo material muestra una gran ignorancia y un gran desprecio en relación con ciertos aspectos del mundo intangible. Debido a esto, no sabemos casi nada sobre las leyes del

15

funcionamiento del mundo intangible e ignoramos una ley fundamental del funcionamiento del mundo intangible, a saber:

Para actuar sobre el mundo intangible siempre necesitamos un instrumento tangible y el cuerpo humano es un excelente instrumento para llegar a lo intangible. A través de su cuerpo, cada persona es un intermediario natural entre el mundo material y el mundo inmaterial. En otras palabras, no es posible llegar directamente al mundo intangible. Solo podemos hacer esto a través de la materia, por ejemplo, a través de nuestro cuerpo.

Del mismo modo, es imposible actuar directamente sobre las ideas, que también son intangibles. Sin embargo, eso no impide que podamos transmitirlas por palabra, papel o computadoras.

En términos generales, negamos toda realidad (existencia) a todas las cosas intangibles (y también a ciertas cosas tangibles) que somos incapaces de percibir. Si fuéramos, por ejemplo, incapaces de percibir los olores, estos no existirían para nosotros. Cada persona vive en su propia realidad única del mundo que percibe y del mundo que acepta. La realidad aceptada por el mundo occidental moderno es muy diferente de la realidad aceptada por las llamadas tribus primitivas. Para admitir la existencia de cosas que no percibimos, por ejemplo, la existencia de una tierra lejana, debemos creer lo que otros nos dicen sobre ella. Por tanto, hay cosas que no percibimos, pero que sin embargo admitimos su existencia real. Las hemos aceptado en nuestra propia realidad. A veces puede ser muy difícil explicarle a una persona algo que conocemos bien, pero que no existe en su mundo. **Entonces usamos cualquier cosa en el mundo de esa persona que pueda usarse para describir esa otra realidad.**

A veces es tan difícil que la persona piensa que lo que le estamos diciendo no tiene sentido y por lo tanto no importa. Esto suele ser lo que sucede con la mayoría de los sueños. Cada noche, los sueños nos transmiten informaciones que la mente consciente enfocada en su "mundo real" no percibe ni acepta, pero que sin embargo existen y son constantemente captadas por nuestro cuerpo desde nuestro entorno inmediato o lejano. Los sueños brindan acceso a una importante fuente de información que la mente consciente, en el estado actual de desarrollo de nuestro cerebro, no es capaz de percibir.

El verdadero potencial perceptivo del ser humano se revela así mediante un enfoque más global del proceso onírico. En este enfoque, el sueño aparece como el resultado de un proceso de intercambio más global. El sueño en realidad resulta de una especie de "respiración" continua entre el mundo interior y el mundo exterior de las personas. Cuando respiramos, recibimos aire, lo transformamos y lo liberamos. De esta forma, estamos en constante intercambio con el mundo intangible aéreo a través de nuestros pulmones y también a través de toda la superficie de nuestra piel. Este aire contiene muchas cosas y tiene múltiples propiedades. Puede por ejemplo hacer calor y nuestra piel nos manda la información "hace calor", esto para recepción. En cuanto a las facultades de emisión, nuestro cuerpo emite al aire su propio calor, sus olores, sus hormonas, su energía, sus emociones, sus ondas electromagnéticas. También es a través del cuerpo que se emiten los pensamientos. Esquemáticamente nos es posible representar de la siguiente manera a un ser humano rodeado de todo lo que emite a la atmósfera y que incluye su campo energético.

Diagrama n° 3:

vida intelectual

vida psíquica   emociones

energía vital
historia familiar

Muchas tradiciones espirituales han reconocido desde hace mucho tiempo la existencia de este campo informativo al que han llamado "aura".[10] En cuanto a las corrientes de energía interna, llamadas meridianos de energía, se conocen en China desde hace milenios y la acupuntura china tiene como objetivo restaurar la buena circulación de energía en el cuerpo.[11] El mundo occidental está comenzando a abrirse a la energía humana. Desde 1875 sabemos que el cerebro contiene corrientes eléctricas. Desde 1929, la invención del electroencefalógrafo ha permitido observar mejor las emisiones eléctricas del cerebro. Los electroencefalógrafos amplifican las señales eléctricas captadas por electrodos colocados en el cráneo de los sujetos que realizan estas pruebas.[12] Además, Semyon KIRLIAN, un investigador ruso logró desarrollar en 1939 un dispositivo que permite fotografiar los campos de energía de los seres humanos y de las plantas.[13] Otros investigadores habían realizado este mismo tipo de trabajo antes que él. Hoy, la investigación en esta área continúa y el equipo necesario para fotografiar estos campos de energía ya está disponible comercialmente.[14] El proceso KIRLIAN se ha utilizado como ayuda en el diagnóstico médico y también en agricultura para la selección de plantas.

Queda pues claramente establecido que nuestro cuerpo está rodeado de emanaciones invisibles y que cada célula de nuestro cuerpo realiza intercambios energéticos.[15] Algunas de dichas emanaciones, por ejemplo, la electricidad emitida por el cerebro, han sido científicamente observadas y medidas. Para nuestro propósito, no llamaremos "aura" a estas emanaciones porque este término se refiere a las tradiciones religiosas y este trabajo se centra en la observación de la realidad. Por lo tanto, adoptaremos el término más neutral "esfera informativa". Aunque no somos capaces de percibir conscientemente esta *esfera informativa*, la percibimos como el ambiente de una persona, la atmósfera que emana de ella, especialmente en el primer contacto. Esta esfera informativa también contiene multitud de informaciones que provienen del entorno en el que se encuentra inmerso el cuerpo. Estas informaciones provienen, por ejemplo, de otras personas, plantas, animales, el Sol o la Tierra. Siempre es a través del cuerpo que actuamos en el mundo intangible como transmisores y receptores de información. Por ejemplo, cuando hablas, emites información sonora con la lengua. Recibes la información sonora del entorno con los oídos (principalmente). En el caso del sonido, esta información es clara para tu mente consciente que la reconoce y por lo tanto aceptas la realidad del fenómeno sonoro, aunque invisible. Lo mismo ocurre con los olores que admitimos que existen, aunque no podamos tocarlos. Todos emitimos en nuestro entorno una variedad de informaciones como: emociones, sentimientos, olores, ruidos y pensamientos.[16] Hay una respiración continua entre la información recibida y la información emitida a través del cuerpo. Intercambiamos constantemente información a varios niveles.[17] Aunque nuestro cuerpo es capaz de captar una cantidad muy grande de información, nuestra mente consciente opera una selección drástica de la información recibida.[18] Esto nos priva de una inmensa riqueza de información.

Este papel de válvula reductora de seguridad del cerebro ya ha sido detectado en el campo de la hipnosis médica y también por científicos que realizan investigaciones sobre el funcionamiento del cerebro.[19] Se piensa que esta drástica selección resulta del hecho de que no hemos desarrollado la capacidad consciente de acceder a más información sobre nuestro entorno. Nos limitamos a un entorno informacional empobrecido por el hecho de que, en el estado actual de nuestro desarrollo, solo utilizamos una pequeña proporción de las potencialidades de nuestro cerebro. La simple observación de los sueños demuestra, a veces muy claramente, que los sueños están directamente relacionados con nuestra vida de vigilia. Por ejemplo, los personajes de una película pueden aparecer en los sueños mezclados con otros elementos. En los sueños también aparecen las preocupaciones del día y asuntos por resolver. Los seres humanos no pueden sobrevivir sin la interacción con su entorno tangible e intangible.

El sueño, como la mayoría de los procesos físicos y psíquicos, consiste esencialmente en una emisión/recepción de información. Los sueños son información emitida por el soñador a través de su cuerpo, y están relacionados con la información captada por el soñador a través de su cuerpo. Cierta información que los sueños transmiten a la mente consciente es clara, y tales sueños no necesitan ser interpretados. Sin embargo, para las personas que no prestan atención a sus sueños, la mayor parte de la información que transmiten les parece sin sentido, a veces inverosímil o grotesca y, a veces, perturbadora.

En el mundo occidental, los sueños a menudo se descartan porque no los entendemos y creemos que son inútiles. Sin embargo, totalmente privado de sueños, el ser humano está condenado a la muerte. Esta función, que creemos inútil, es esencial para la vida. Esto debería hacernos reflexionar. Nuestra actitud frente al mundo onírico constituye uno de los errores fundamentales de nuestra civilización que no sabe aprovechar el proceso onírico para acelerar su desarrollo en todos los ámbitos. Generalmente nos contentamos con un acceso muy limitado a nuestro entorno informativo, que sin embargo es muy rico. A través de un enfoque más global del proceso del sueño, es posible comprender el lenguaje de los sueños de manera efectiva. Esto permite acceder a una mayor cantidad de información y así superar los límites impuestos por nuestra mente consciente.[20]

No hay separación entre el mundo material estudiado por la ciencia moderna y el mundo inmaterial ignorado por esta misma ciencia. El mundo material y el mundo inmaterial están especialmente entrelazados en el ser humano. Los sueños son un fenómeno privilegiado para comprender tanto el funcionamiento del mundo material, del mundo inmaterial y su sinergia. Si observas el proceso de tus sueños buscando sistemáticamente las relaciones que existen entre tus sueños y tu realidad, puedes sacar más provecho de tu vida y volverte más inventivo en todas las áreas. Verás que esta forma de observar el proceso onírico es muy fructífera. Al aplicarla, he aprendido mucho y ahora puedo ver un potencial para el desarrollo humano que anteriormente me hubiera parecido completamente inverosímil. Por supuesto, no te pido que me creas, sino todo lo contrario: usando el método de observación que he desarrollado y del que te hablaré más adelante, podrás hacer tus propios experimentos y lo verás por ti mismo.

A través de la observación simultánea de mis sueños y mi realidad, comprendí que los sueños actúan como un puente entre la mente consciente (que en adelante llamaré *pequeña conciencia*) y una conciencia mucho más grande (que ahora llamaré *gran conciencia*). La *gran conciencia* tiene una cantidad de información mucho mayor que la

23

pequeña conciencia. Contiene en particular toda la información que el cuerpo capta en el propio cuerpo y en su entorno inmediato o lejano, pero que no aparece en la mente consciente. Porque todavía no estamos lo suficientemente desarrollados para eso. He aquí una representación esquemática de la situación de las personas que sueñan poco y no prestan atención a sus sueños. Estas personas hacen muy poco uso de la información recogida por el cuerpo, recibida por la *gran conciencia* y parcialmente transferida a la *conciencia pequeña* a través de los sueños.

Diagrama n° 4:

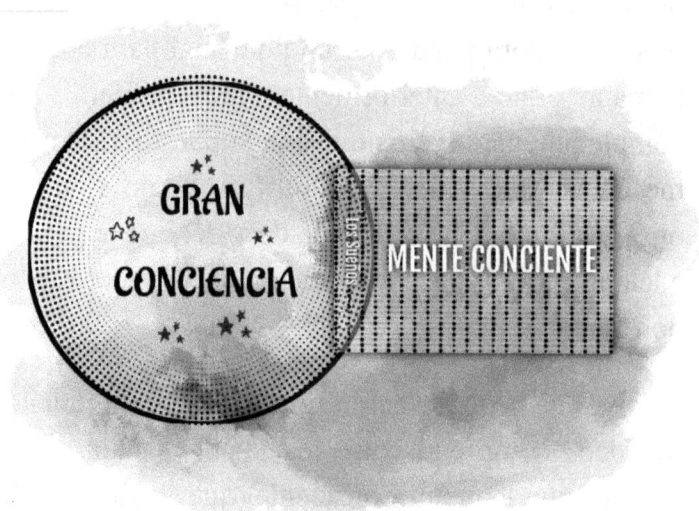

Hacer un trabajo de observación de los sueños, centrándose en comprender su conexión con la realidad en la que ocurren, permite aprovechar información adicional. Las personas así desarrolladas comienzan a salir de los estrechos confines de su *pequeña conciencia* y hacen más uso de su entorno informativo. En otras palabras, la *pequeña conciencia* se expande, mientras que con la comprensión de los sueños se ha hecho posible hacer un mejor uso de la información recogida por el cuerpo, no reconocida por la *pequeña conciencia*, pero recibida por la *gran conciencia*. Esto se puede esquematizar de la siguiente manera.

Diagrama n° 5:

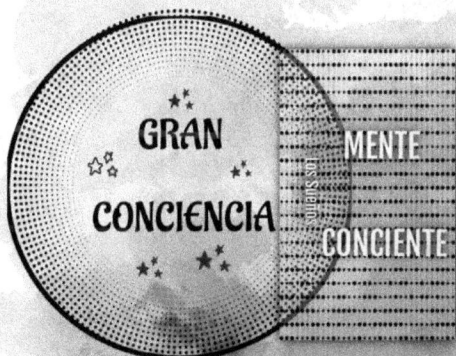

GRAN CONCIENCIA

MENTE CONCIENTE

El trabajo de observación de las conexiones entre los sueños y la realidad permite a las personas que así lo deseen prepararse con naturalidad, sin peligro y a su propio ritmo, para una etapa de desarrollo mucho más interesante que las descritas anteriormente. Cuando las personas alcanzan esta etapa de desarrollo, tienen acceso directo en el estado de vigilia a la información recibida por la *gran conciencia*. De este fenómeno resulta lo que llamamos intuición. Pueden hacerlo de forma natural, sin utilizar ninguna técnica especial. Podemos representar esquemáticamente a tales personas así.

Diagrama n ° 6:

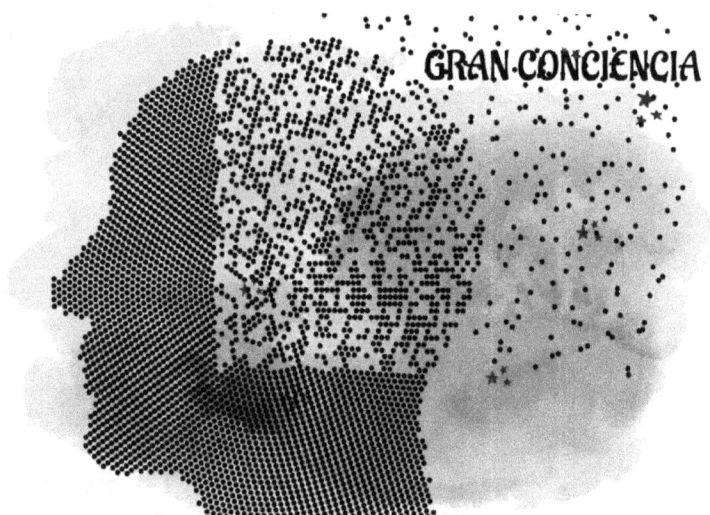

GRAN·CONCIENCIA

Las personas que han llegado a esta etapa han desarrollado en ocasiones lo que consideramos facultades extraordinarias, pero que de hecho son potencialidades que serán muy comunes cuando casi toda la humanidad futura esté más desarrollada. Algunas civilizaciones extintas ya las habían explorado mucho antes que nosotros y vestigios, más o menos distorsionados, de los conocimientos que habían adquirido sobre este tema han pasado a través del tiempo, a través de las religiones, las ciencias ocultas, los antiguos sistemas jurídicos y las creencias populares. La forma más sencilla de comprobar por ti mismo la existencia de estas posibilidades es realizar un trabajo de observación de tus sueños y de tu realidad. En el siguiente capítulo te daré toda la información necesaria para que puedas comprobar por ti mismo, a través de tu experimento, la realidad de fenómenos como la capacidad de "ver a distancia", de comunicarte de forma distinta a la voz, o incluso de percibir el futuro. Como también ha observado Robert MOSS,[21] todas estas facultades latentes en el estado de vigilia están muy activas durante el estado de sueño.

CAPITULO 2: MÉTODO EFICAZ DE OBSERVAR LAS CONEXIONES ENTRE LOS SUEÑOS Y LA REALIDAD

En este capítulo, explicaré cómo observar efectivamente el proceso onírico para desarrollar tu potencial inventivo.

1. CÓMO OBSERVAR EL PROCESO ONÍRICO

La mejor manera de observar lo que son los sueños es no enfocarse solo en ellos, sino por el contrario observar los sueños y la realidad simultáneamente tomando notas y también haciendo algunos simples experimentos en la vida despierta para observar las repercusiones en los sueños. La realidad influye en nuestros sueños[22] y pronto descubrirás por ti mismo cómo los sueños dan forma a nuestra realidad, aunque nos hayamos olvidado de ellos.

Hay un intercambio permanente de información entre nosotros y el mundo que nos rodea. Somos conscientes de algunos de estos intercambios, pero somos inconscientes de la mayoría de ellos. Nuestro cuerpo recoge muchas informaciones sobre el mundo inmaterial que nos rodea sin que lleguen a la mente consciente. Sin embargo, están almacenadas en la *gran conciencia* y los sueños son uno de los medios de acceso a esta información, a condición de poder descifrar tu propio lenguaje onírico. Algunos sueños parecen, a primera vista, ajenos a la realidad y sin importancia.

Llevar un diario de sueños y realidad revela gradualmente las conexiones que existen entre el contenido de nuestros sueños y nuestro entorno informativo. Reconocer estos vínculos entre los sueños y la realidad permite una interpretación precisa de la mayoría de los sueños. Veremos más adelante por qué la decodificación de los sueños es fundamental para poder provocar sueños inventivos.

Como cada persona tiene su propio lenguaje onírico, es necesario un trabajo personal de decodificación para poder aprovechar el proceso onírico. No cuentes para esto con las diversas claves de los sueños antiguas o modernas que pretenden proporcionar una solución pronta para la traducción de tu propio idioma onírico. Es mejor desechar estas obras, que la mayoría de las veces inducen a error y están cargadas de una cantidad de miedos y supersticiones transmitidas de generación en generación.

Es lamentable que estas claves de los sueños -que constituyen la documentación más abundante sobre los sueños por ser la más rentable- hayan contribuido a disuadir a los investigadores de estudiar racionalmente este campo. Cada persona tiene su propio código onírico, aunque puede compartir a su manera y con sus propios matices algunos grandes símbolos comunes a grupos de personas o a toda la humanidad. Por ejemplo, para muchos soñadores, el símbolo de la "casa" representa el cuerpo humano, la "izquierda" representa el polo femenino de la psique y la "derecha" su polo masculino. Lo que está por delante tiene que ver con el futuro para muchos soñadores, y lo que está por detrás tiene algo que ver con el pasado. Carreteras, autopistas, caminos rurales o de montaña son representaciones del destino (y como veremos más adelante, del progreso de la investigación).

Estos sueños de carreteras aparecen en momentos en que los soñadores tienen que tomar decisiones importantes para el resto de su vida o para el trabajo que están realizando. Al comienzo del trabajo de observación, es posible hacer un uso útil de los diccionarios de símbolos. Estas obras no están dedicadas a los sueños, solo explican qué significan ciertos símbolos para varias poblaciones y en varios momentos de la historia humana.[23]

Interesarse en el significado de los símbolos es un excelente ejercicio de flexibilidad mental. Y es esencialmente lo que necesitamos para comprender esta realidad no accesible a nuestra mente consciente y de la que nos informan los sueños. A medida que avanzaba mi investigación, me di cuenta de que la mejor manera de explorar el proceso onírico y comprender mejor el funcionamiento de mi entorno inmaterial era tomar notas no solo de los sueños sino también de la realidad. Entonces comencé a usar un cuaderno en el que escribía mis sueños, los eventos de la realidad y las experiencias que tenía. Por ejemplo, como experimento puedes dormir en lugares particulares, ponerte a dieta, comer demasiado, encontrar a mucha gente, aislarte unos días sin televisión, radio o teléfono y seguir anotando tus sueños para observar los efectos de[24] estos experimentos en tu proceso onírico. Con el tiempo, aprendí lo que era importante tener en cuenta sobre los sueños y la realidad, y mi experiencia puede ahorrarte algo de tiempo. Dicho esto, cada persona puede, según los objetivos que desee alcanzar, adaptar los siguientes consejos a su caso.

2. CÓMO TOMAR NOTAS DE TUS SUEÑOS

Recordar los sueños es mucho más fácil apenas estamos despiertos, así que ese es el mejor momento para escribirlos. Algunos autores llegan a recomendar tener cerca algo para anotar los sueños durante la noche. Puedes hacerlo, pero es lo suficientemente estresante como para prestar tanta atención a los sueños. Si deseas realizar un trabajo a largo plazo, hazlo de manera relajada, mientras duermes normalmente. Con la práctica, recordamos los sueños siempre más. Y una de las mejores formas de mejorar la memoria en general es confiar en ella. Si crees que no podrás conservar el recuerdo de tus sueños, no te desanimes. Todo el mundo sueña y es muy fácil reactivar tu potencial de memoria onírica. Para profundizar en este punto, puedes leer mi libro *Estrategias Para Recordar Los Sueños* que da consejos sobre como recordar los sueños. La actitud fundamental que debes adoptar al comienzo de tus experimentos es no tratar de comprender todo de inmediato.

Basta anotar todo y sobre todo evitar lanzarse a complicados análisis de los mensajes de tus sueños. Con el tiempo, podrás comprender los símbolos de tus propios sueños de manera precisa y racional. También encontrarás que algunos sueños son muy claros y no necesitan interpretación psicoanalítica u otra.

También es necesario tener el coraje de anotar todo, es decir, ser sincero contigo mismo y anotar incluso lo que a primera vista te parece negativo. En el trabajo sobre los sueños se necesitan una gran tolerancia y neutralidad. Es conveniente anotar todo lo que queda en tu memoria a propósito de los sueños y sobre todo hay que anotar todo lo que te inquieta, te incomoda, te asusta, te avergüenza o incluso escandaliza tu pudor.

Todos los sueños deben anotarse sin seleccionar aquellos que nos parezcan importantes. Por ejemplo, un sueño muy corto y muy simple como: "Soñé que en la panadería vendían zapatos caros" contiene información muy útil. No tengas miedo de escribir sueños sobre la muerte. Verás que la mayoría de las veces sólo anuncian un gran cambio.[25] Por lo tanto, pueden ser muy útiles para guiarte en tu trabajo de investigación. En cuanto a nuestra propia muerte, ¿por qué temer los sueños que realmente la anuncian? ¿No es mejor, por el contrario, prestarles mucha atención, sobre todo porque a veces constituyen advertencias que pueden salvarnos la vida?

Los libros de sueños citan muchos casos de sueños que presagian la muerte. Parece que los sueños siempre nos preparan para este importante evento.[26] Son una manera de irse con tranquilidad cuando sea el momento adecuado. También nos salvan de preocuparnos innecesariamente el resto del tiempo. Y esto es muy útil sobre todo para las personas que se asustan mucho cuando tienen que tomar un avión, por ejemplo. Al observar tus sueños y tu realidad, podrás tranquilizarte, porque encontrarás que los sueños siempre están un paso por delante de tu realidad. Lo que significa que mientras tus sueños te proyecten en tu realidad habitual, sabes que tu vida continuará.[27]

Después de haber evocado el grave tema de la muerte, hablemos pues de la vida. En el mundo onírico, dar a luz o quedar embarazada ya no es privilegio de la mujer, también les sucede a los hombres y se relaciona con las creaciones. Este tipo de sueño (y todos los sueños que se relacionan con el nacimiento de la vida en todas sus formas) es por lo tanto muy importante para los inventores e investigadores.

En cuanto a los sueños con contenido sexual, muy bien pueden transmitir un mensaje no sexual y no se debe dudar en anotarlos detalladamente. Por ejemplo, soñar con una relación sexual interrumpida abruptamente puede no significar que sucederá en la realidad, sino que representa una ruptura repentina, inesperada y desagradable con alguien de tu entorno o en tu trabajo de investigación. En cuanto a plátanos, puertas, escaleras, pájaros y otros símbolos que Freud percibía como símbolos sexuales, vale la pena actualizarlos. Las costumbres son mucho más libres que en la época de Freud y como resultado, los sueños y la realidad han cambiado mucho.

En términos generales, debemos registrar los sueños tal como son, describiendo a los personajes y el escenario de la manera más detallada y precisa posible. Por ejemplo, si sueñas con un gato, será necesario anotar su color, su tamaño, su posición en el espacio y en relación contigo o con los personajes del sueño (a la izquierda, a la derecha, detrás) y todo lo que percibes sobre este gato. También ten en cuenta la apariencia de su pelaje y ojos. ¿Los ojos son iguales? ¿El gato es macho o hembra? La experiencia me ha enseñado que, en el lenguaje de mis sueños, las imágenes de gatos me comunican información energética sobre las personas que me rodean.

Por ejemplo, si sueño con un gato con un pelaje muy dañado después de pasar un tiempo en la realidad en contacto con una persona, este sueño me revela que esta persona (que puede tener una apariencia real hermosa) tiene muy poca energía y problemas de salud graves que ya se han manifestado o se manifestarán próximamente. Los gatos con pelajes suntuosos y ojos brillantes me indican todo lo contrario.

Los sueños, a diferencia de la mente consciente, nos permiten superar las apariencias a veces engañosas y tener acceso a la verdad. Es muy importante anotar todos tus sentimientos, aunque parezcan no tener relación con el tema del sueño. En los sueños puedes divertirte mucho con algo que sería horrible en la realidad y, al contrario, puedes sentir gran pena por algo que en la realidad sería gracioso o insignificante.

Es necesario notar todos los sentimientos que te atraviesan durante un sueño: alegría, ira, tristeza, amor, odio, miedo, angustia, paz, etc... También es necesario notar los sentimientos físicos como el frío, el calor, la parálisis, la ligereza, la rapidez, la lentitud. Si escuchas música descríbela, escribe las letras de las canciones. Toma notas de las historias y sus personajes. En los sueños hay muchos más seres que se comunican que en nuestra realidad. En los sueños, las piedras, los árboles, las plantas y los animales de la casa son capaces de hablar perfectamente nuestro idioma y hasta lenguas extranjeras que a veces no comprendemos en la realidad, pero que intuitivamente podemos comprender en los sueños.

He observado durante mi investigación que cuando en un sueño se repiten varias veces las mismas palabras, frases o imágenes, esto se refiere a información importante para mí.

A veces sueño con palabras extranjeras cuyo significado desconozco y me divierte mucho cuando me despierto ir a buscar el significado en los diccionarios. Me pasó soñar en parte en chino, aunque no hable este idioma cuando vivía en Nueva York, en el barrio Little Italy, que ya se había vuelto muy chino. Capturé de forma muy sencilla mientras dormía la información lingüística presente en el lugar. Habría mucho por descubrir en este registro para comprender mejor el fenómeno del aprendizaje de idiomas y la adaptación a un nuevo entorno.

Volviendo al trabajo sobre los sueños, es importante tomar notas acerca de tu posición en el espacio cuando apareces en un sueño. ¿Estás en el centro del escenario, a la izquierda, a la derecha, delante o detrás de alguien, en el aire o en el suelo, o incluso bajo tierra? Debemos anotar todo lo que podamos observar. La ropa y sus colores, por ejemplo, son una fuente apreciable de información útil. También es necesario tener en cuenta todo lo que podemos sentir, por ejemplo, dolor de muelas, dolor de pies, ligereza en los movimientos o dificultad para movernos, a veces porque vamos demasiado cargados.

Por ejemplo, un buscador que sueña que está agobiado por mucho equipaje que encuentra difícil de llevar, hará bien en aclarar sus pensamientos y definir mejor sus metas. De lo contrario, su trabajo no conducirá a ningún resultado. Es importante anotar todo lo que llevamos con el mayor detalle posible. ¿Si es una maleta, cuál es su forma, color, peso, es fácil de llevar, tiene ruedas, alas? ¿Te gusta? ¿Quizás hay alguien ayudándote a llevarla, o has decidido dejarla porque no contiene nada importante? ¿Con qué mano llevas tu maleta, la izquierda? ¿La derecha? ¿La empujas frente a ti o la arrastras dolorosamente detrás de ti? ¿O te sigue por ella misma en el aire o como un perro sin correa? Una gran precisión en la descripción es útil sobre todo al comienzo del trabajo de observación. Si sueñas con una casa, no dudes en anotar todos los detalles de esta casa, aunque te parezca largo.

Describe todas las habitaciones que visitas y especialmente los lugares muy interesantes como el ático, el sótano o la cocina. Pero todo es interesante en las casas de los sueños y sobre todo muy instructivo. A través de mi experiencia personal, he podido constatar que las casas de mis sueños, cuando no son casas reales que "visito" en estado onírico, me transmiten información precisa sobre mi buena o mala salud. Y pude observar, como ya lo habían hecho otros en la antigüedad,[28] que los desórdenes físicos aparecen en los sueños mucho antes de su manifestación en la realidad. De ahí el interés de conocer el significado de los sueños para prevenir trastornos físicos cuando aún se está a tiempo. Por ejemplo, he observado que el tema de las fugas de agua en los sueños corresponde a una caída de energía en los soñadores.

Los áticos y los techos son representaciones pictóricas de lo que sucede en nuestro cerebro. Por ejemplo, el desorden en un ático en los sueños puede mostrarle a un investigador que sus ideas actuales o la forma de abordar su investigación son confusas y que se necesitaría una aclaración para lograr una investigación más fructífera. En cuanto a los sótanos, y grutas, muy a menudo corresponden a la herencia física y psíquica de los soñadores. Por eso mismo, son muy interesantes para los investigadores porque estos sueños permiten acceder de forma directa o intuitiva a información valiosa sobre el pasado. Es un lugar que me gusta frecuentar en mis sueños y de donde he extraído muchas ideas para mi trabajo de investigación sobre el derecho romano antiguo y sobre la justicia del antiguo Egipto.[29]

Es muy sorprendente ver cuánto podemos aprender sobre el funcionamiento del cuerpo, la mente y la naturaleza a través de la observación simultánea de los sueños y la realidad. Nuestra *gran conciencia* está mucho más íntimamente conectada con la naturaleza que nuestra mente consciente. Para comunicarse con la mente consciente, por lo tanto, la *gran conciencia* muy a menudo utiliza imágenes de fenómenos naturales. En otras palabras, utilizará imágenes que representan fenómenos naturales como el crecimiento, la putrefacción, la germinación, el nacimiento para transmitir información a la mente consciente, etc. Por ejemplo, si has estado investigando durante algún tiempo y estás desanimado porque te parece que nada avanza, un sueño en el que un fuerte viento te empuja seguro presagia una aceleración de tu investigación en curso.

Las cosas se mueven más rápido, como impulsadas por el viento y eso anuncia el fin del estancamiento de tu trabajo. La naturaleza es omnipresente en los sueños e incluso en los de los ciudadanos. Es uno de los símbolos que toda la humanidad comparte con algunos matices. La naturaleza aparece a través de las estrellas, la Luna, el Sol, el mar, la luz, la sombra, la oscuridad, el viento, el frío y el calor y sobre todo el agua.

El agua convertida en hielo en tus sueños puede traerte mucha información útil. Si, por ejemplo, estás pensando en colaborar con otro investigador para un trabajo en curso y a pesar de la aceptación de esta persona para compartir los resultados adquiridos, sueñas que esta persona está rodeada de hielo no debes confiar en ella para compartir. El hielo, como es frío, cuando se ve alrededor de las personas en los sueños muy a menudo indica egoísmo. La aparición del agua en los sueños también puede hablarte de las personas que te rodean (y también de ti mismo) y de eso hablaremos más adelante.

La naturaleza también está presente en muchos sueños en forma de plantas que en muchos casos representan personas y su carácter, bastante curiosamente. Por ejemplo, hay plantas que crecen muy rápido y ocupan todo el espacio disponible en una habitación de tu casa. (¿Eso por casualidad te hace pensar en tu suegra? +:)

Algunas plantas que tienen raíces grandes, aparentes porque no tienen tierra, pueden representar a inmigrantes que conoces. También hay plantas marchitas, plantas con flores o plantas que dan frutos. Algunas plantas a veces anhelan agua o espacio para crecer, mientras que otras encuentran que las riegas en exceso, y otras prefieren el agua de manantial. Al igual que en el mundo real, el agua es uno de los elementos más importantes en el mundo onírico. El agua en varias formas está presente en muchos sueños.

Es muy útil conocer el significado de las diferentes clases de agua que aparecen en tus sueños: el vaso de agua, la botella, el baño, la ducha, el río, el lago, el mar, el pozo, la lluvia, la alberca, el charco. La observación simultánea de tus sueños y tu realidad es muy útil para saber a qué corresponden en realidad las diversas aguas que aparecen en tus sueños, porque te ayudará a acceder a ideas inventivas.

Por ejemplo, observando mis sueños y mi realidad, he observado que el mar, por su inmensidad, representa las ilimitadas posibilidades informativas de mi *gran conciencia* y la conciencia colectiva de la humanidad, mientras que las albercas se relacionan con la *pequeña conciencia* con todos sus límites. Simbólicamente, si tus sueños te llevan al mar, será mucho más probable que accedas a nuevas ideas que con sueños de albercas donde seguramente encontrarás ideas que ya están patentadas por otros. Para encontrar nuevas ideas, sigue el camino que a menudo te muestran los sueños.

En nuestras sociedades, donde la inestabilidad afecta a muchas personas tanto en lo profesional como en lo emocional, los sueños de "carreteras" son numerosos. El "camino" de los sueños puede ser un camino en una hermosa naturaleza verde o en un desierto árido, una carretera llena de gente o a veces, una pista de esquí. Podemos vacilar en un cruce o girar interminablemente en una glorieta. A veces sabemos a dónde vamos, otras veces estamos en la oscuridad total y por suerte alguien que pasa viene a iluminarnos con su farol.

Los sueños de carreteras[30] nos dan, si sabemos prestarles atención y comprenderlos, información sobre nuestro destino. También son muy importantes para los buscadores, ya que les indican claramente si están en el camino correcto, si hay otras personas en el mismo camino y su posición en relación con ellos mismos. Los sueños sobre carreteras muestran claramente si el camino que estás recorriendo es un callejón sin salida o si alguien ya se te ha adelantado. Los sueños de caminos a menudo muestran a los buscadores cuál sería el camino para conducir a las innovaciones. Pero estos, desinformados de su importancia, los ignoran y continúan buscando a ciegas. He aquí un ejemplo muy hermoso de un sueño que tuvo una persona cuya investigación se vio coronada por el éxito:

"Sueño que estoy conduciendo por una carretera donde circulan coches, camiones y autobuses. Soy la única persona en la bicicleta, pero adelanto a todos. Conduzco a veces a la derecha, a veces a la izquierda, a veces en medio de la carretera. Mi trayectoria no es recta y la veo desde el cielo, simbolizada por un fino alambre de

cobre que se extiende a medida que avanzo.
De repente me convierto en un gran avión
y despego. Escucho a otros pensar: "Ha
tomado el camino hacia una pista."

La información sobre el camino a seguir para el trabajo científico o en la vida, también puede ser transmitida por otro tipo de sueños, por ejemplo, aquí está el sueño de DESCARTES que, aunque muy racional, se inspiró en su mundo onírico. Este sueño lo tuvo cuando estaba escribiendo el "Discurso del Método". He aquí un extracto de sus sueños del 10 de noviembre de 1619, contados por BAILLET.[31]

"Un momento después, tuve un tercer sueño... Encontré un libro en mi mesa, sin saber quién lo había puesto allí. Lo abrí y al ver que era un Diccionario, me alegré con la esperanza de que me pudiera ser de mucha utilidad. En el mismo instante, encontré otro libro en mi mano, que no era menos nuevo para mí, sin saber de dónde había salido. Encontré que se trataba de una colección de poemas de varios autores, titulada Corpus Poëtarum, etc. Tuve la curiosidad de querer leer algo dentro: y al abrir el libro me topé con el verso ¿Quod Vitae sectabor iter? =¿qué camino de vida

seguiré?" Así la continuación de sus sueños le dan algunas orientaciones, le muestran en particular un desequilibrio corporal.

Para aprovechar al máximo la información que llega en los sueños de carreteras, es importante describir en tus notas todo lo que recuerdas. Si conduces un automóvil, por ejemplo, observa su color, si el volante está a la derecha o a la izquierda, y quién lo conduce y cómo, de día o de noche, con o sin luz, fácilmente o no. Cuáles son tus sensaciones corporales, tus emociones. Este tipo de sueño es muy importante para los buscadores y deben aprender a usarlos para ganar mucho tiempo y evitar seguir pistas inútiles durante años. Además, estos son los sueños más fáciles de entender.

En resumen, es fundamental anotar todo lo que podamos sobre los sueños y anotar todos los sueños sin seleccionar solamente aquellos que pensamos valen la pena. Al principio, es mejor simplemente observar lo que sucede sin intentar comprender los sueños. Después de un tiempo, te resultará muy fácil saber exactamente a qué corresponden los símbolos personales de tus sueños. Además, en el objetivo del descubrimiento científico y la innovación, lo más importante no es comprender los sueños sino permitir a través del estudio del sueño y la realidad una mejor comunicación entre la *gran conciencia* y la *mente* consciente.

En cuanto a la **"traducción"** de tus símbolos oníricos, si te interesa esto, se puede hacer mucho más fácilmente después de un tiempo porque verás que con el tiempo aparecen los mismos símbolos oníricos simultáneamente con la misma situación real.[32] Esta simultaneidad repetida permite descifrar con precisión la información onírica. Por ejemplo, si cada vez que te encuentras con un abogado sueñas justo antes o después de la reunión que vas a encontrarte con un matemático, entonces sabrás que en tu inconsciente las matemáticas son el símbolo de la ley.

Al principio de mi investigación, leí todo lo disponible sobre la investigación de los sueños. Lo que me había llevado a cometer el error de inspirarme en las ideas de JUNG o FREUD y otros especialistas para interpretar todos mis sueños. Con el tiempo pude darme cuenta de que me llevaban a interpretaciones erróneas y me impedían aprovechar la información de mis sueños. Luego descubrí que el significado de la mayoría de mis sueños aparecía mucho más claro y natural a través de la observación simultánea de mis sueños y mi realidad, durante un período de tiempo bastante largo. En otras palabras, con el paso del tiempo vemos que el mismo tipo de sueños o símbolos oníricos aparecen simultáneamente con el mismo tipo de situación en la vida real.

Dicho esto, la contribución de los psicoanalistas a veces resulta útil para descifrar ciertos sueños. Y naturalmente recurro a sus métodos para un pequeño número de mis sueños de tipo "psicológico", que con la experiencia he aprendido a diferenciar de otros sueños. Todos tenemos problemas psicológicos y ninguno está en perfecto y constante estado de salud, es parte de la vida. Los sueños nos dan la oportunidad de tomar conciencia de esto. Nos ayudan a liberarnos de los bloqueos energéticos que inducen los problemas psicológicos y a sentirnos mejor. He observado que los sueños psicológicos más importantes aparecen cuando tenemos la energía para afrontarlos y estamos disponibles para ello. Aparecen especialmente cuando nos retiramos a la soledad. En este caso, ni siquiera es necesario que un evento externo los active. Parece que la energía no proyectada hacia la vida externa se encuentra en vez, utilizada para intensificar la vida interna y provocar curaciones de problemas psicológicos, tomas de conciencia importantes y también nuevas ideas.

Cuantos menos conflictos psicológicos tengas, más espacio de tus sueños estará disponible para otros contenidos y para hacer inventos. Ahora que conozco bien mi universo onírico sé distinguir entre mis sueños, los de tipo psicológico, que el conocimiento psicoanalítico me puede ayudar a comprender. Mientras que todos los demás sueños se explican mucho más fácilmente a través de la observación simultánea del sueño y la realidad. Si bien es cierto que se necesita paciencia y tiempo para lograr este resultado, bien vale la pena, y el tiempo invertido se verá más que compensado por el tiempo que los sueños te ahorrarán después en la vida real y por las molestias que te permitirán evitar. ¡Y qué placer traer innovaciones al mundo! Veamos ahora cómo notar la realidad.

3. CÓMO TOMAR NOTAS SOBRE LA REALIDAD Y SOBRE EL ENTORNO EN EL QUE VIVES

Para registrar la realidad, no es necesario ser tan preciso como para el registro de los sueños. Basta con mencionar el esquema de los principales acontecimientos del día. Algunas observaciones son importantes para comprender como se captura la información en nuestro entorno. Es importante, por ejemplo, señalar los lugares a los que fuimos, los lugares donde dormimos y, sobre todo, las personas con las que nos encontramos. Basta resumir con respecto a las personas la esencia de la comunicación y las circunstancias del encuentro (trabajo, cita, encuentro fortuito). También es importante anotar nuestros sentimientos (alegría, tristeza, neutralidad...), nuestras sensaciones (bienestar, cansancio, nerviosismo, ansiedad) y el lugar donde nos encontramos con las personas. Los lugares son elementos muy importantes para registrar en la medida en que cada lugar está cargado de información intangible que el cuerpo recoge.[33]

El cuerpo también capta toda la información intangible que emana de una persona o de un grupo de personas. Este aspecto es muy importante en el campo de las patentes y la protección del *know-how* industrial. La práctica del derecho de patentes muestra muy claramente que en un momento dado ciertas ideas inventivas están "en el aire", lo que da como resultado que se presenten patentes para el mismo descubrimiento hecho en un intervalo de tiempo muy corto por varios inventores, pero a menudo distantes en el espacio y no habiendo estado en contacto. Este aspecto también es muy importante para la protección de las invenciones en proceso: no muestras a los demás las instalaciones donde llevas a cabo tus actividades de investigación, ya que los visitantes podrían captar inconscientemente tus nuevas ideas y presentar una patente antes que tú.

Es fácil percibir la carga informativa de los lugares que comúnmente llamamos ambiente. Por ejemplo, todos pueden sentir la diferencia entre la atmósfera de una iglesia, un bar, una biblioteca, un bosque o una playa. También es fácil percibir la diferencia de atmósferas entre nuestra propia casa y la de otras personas. Se trata de una atmósfera informativa y no de decoración, se trata de capturar la energía diferente del lugar.

Hay personas que, conscientemente perciben muy poco estas diferencias de ambiente y otras que son muy sensibles a ellas. Pero, aun cuando una persona no perciba conscientemente mucha información sobre la atmósfera del lugar, esto no impide que su cuerpo lo perciba todo y que su mente consciente pueda acceder a través de los sueños a una parte de la información captada por su cuerpo. Las personas que en realidad son impermeables a este tipo de percepción informativa pueden compensar sus deficiencias en la percepción consciente, aprovechando sus sueños. Para hacer un trabajo eficaz sobre tus sueños, debes anotar todos los grandes eventos que suceden, las actividades diarias, los viajes, las fiestas, las mudanzas, las grandes decisiones y los grandes logros. Para quienes realizan un trabajo creativo o una investigación científica, es interesante notar las etapas de realización de este trabajo y la forma en que se vive esta creación, por ejemplo, los días de alegría y los días de vacilación, los días con o sin inspiración.

Si deseas utilizar tus sueños para mejorar tu salud física y psicológica o para prevenir o descubrir riesgos,[34] es importante tener en cuenta todos los trastornos que te ocurren, incluso los pequeños. Para la salud física, anotas, por ejemplo: molestias en las articulaciones, un resfriado, gripe, tensión muscular, buena, mala o regular condición física y si eres deportista, anota cómo va tu entrenamiento. Para la salud psicológica, ten en cuenta tu estado de ánimo, tu humor al despertar y durante el día. Todas estas anotaciones son muy útiles, requieren algo de tiempo y mucha paciencia al principio, pero los resultados valen la pena.

Todo lo que te acabo de explicar sobre los sueños es muy importante porque observar las relaciones entre los sueños y la realidad te permitirá desarrollar una poderosa herramienta para acceder a nuevas ideas. Compartiré esta técnica contigo más adelante. Por el momento, estos son algunos de los resultados que este método de observación me ha permitido obtener y que pueden ser de utilidad para todos aquellos que deseen desarrollar su potencial inventivo.

CAPÍTULO 3: LOS ÚTILES RESULTADOS DE MÁS DE 10 AÑOS DE INVESTIGACIÓN SOBRE EL PROCESO ONÍRICO

Como he estado explorando este campo del conocimiento durante mucho tiempo, he hecho muchos experimentos y descubrimientos. Solo comunicaré aquí aquellos que puedan ser de utilidad para las personas que se dedican a la investigación científica o la innovación. Las personas que deseen profundizar en el tema para otros fines pueden consultar mis otros libros sobre los sueños y particularmente el titulado: *El Significado de los sueños*.[35] Cada uno hará sus propios descubrimientos según sus intereses. Como jurista, me interesaban especialmente los lazos invisibles que tejen las personas, la energía que emana de los grupos y la forma en que se producen los intercambios energéticos. Para el mundo moderno, soy una jurista bastante inusual. Sin embargo, en las civilizaciones antiguas la justicia no se limitaba al conocimiento y aplicación de la ley.

Además de mi objetivo de comprender cómo nacen las ideas inventivas, busqué a través de la observación del proceso onírico comprender mejor lo que sucede a nivel intangible entre las personas. Esto fue de gran interés para los primeros "juristas" de civilizaciones antiguas como los romanos, sobre cuyo conocimiento hemos construido la mayoría de los sistemas legales modernos. Estos son algunos de los resultados que cualquiera (incluso los menos intuitivos y sensibles a su entorno) puede lograr después de un año de estudiar las conexiones entre sus sueños y su realidad.

1. EXISTENCIA DE UNA RED DE INTERCAMBIOS INTANGIBLES ENTRE PERSONAS

El trabajo de observar las interacciones y conexiones entre los sueños y la realidad revela muy rápidamente que existe una especie de Internet intangible y psíquico que conecta a todos los seres humanos sin que sea necesario ninguna computadora o teléfono celular para establecer la comunicación. En este imperceptible "Internet" todas las *grandes conciencias* de todos los seres humanos se comunican intensamente día y noche, y la mayor parte del tiempo sin que la mente consciente lo sepa. Como ya he explicado, emitimos información de todo tipo a través de nuestro cuerpo y percibimos a través de todo nuestro cuerpo información que emana de los demás o que impregna los lugares en los que nos encontramos. Todos estamos rodeados de una atmósfera única, una especie de "esfera informativa" personal en la que se mezclan la información que emitimos y la que recibimos. Ésta emana de otras personas y de los lugares en donde nos encontramos y de todos sus "habitantes" vegetales, animales y humanos. Esto lo podemos representar esquemáticamente en el siguiente dibujo.

Diagrama n° 7:

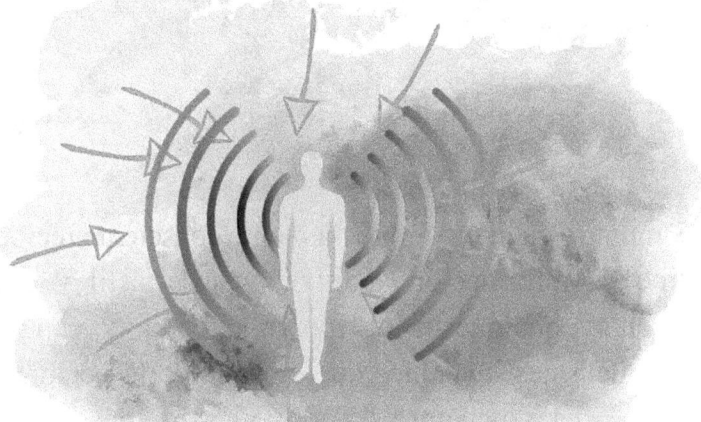

Cuando estamos en contacto con otras personas, las esferas de información se mezclan y nuestro cuerpo recoge mucha más información sobre las personas que nos rodean que nuestra mente consciente. Podemos representar esquemáticamente de la siguiente manera lo que sucede durante un encuentro entre dos personas.

Diagrama n° 8:

Durante este intercambio, la mente consciente recibe todo tipo de información auditiva, visual, táctil y olfativa, mientras que nuestro cuerpo en su conjunto capta todos los mensajes invisibles que emanan de la persona y del lugar del encuentro. Todo nuestro cuerpo recoge información invisible como: emociones, sentimientos, energía física y energía psíquica de una persona, pensamientos no formulados y también información sobre dónde vive, su historia familiar y su herencia. Es un verdadero escaneo en profundidad de la personalidad y el cuerpo de nuestros interlocutores. Nuestro cuerpo recoge mucha más información de la que llega a nuestra conciencia. Nuestra conciencia filtra la información. Podrás ver esto fácilmente por ti mismo a través de tu propia investigación. Toda la información captada por el cuerpo llega a la *gran conciencia*, mientras que en el estado de vigilia una pequeña parte de esta información aflora en la mente consciente. Esta parte que aflora en la mente consciente crece gracias a los sueños, pero el inconveniente es que llega deformada y muchas veces necesita ser descifrada. A través de los sueños y la intuición, la mente consciente puede beneficiarse de información adicional.

Gracias a los sueños podemos, por ejemplo, acceder a mucha más información sobre nuestro entorno. El cuerpo, a diferencia de la mente consciente, parece deseoso de captar toda la información posible.

Para tomar conciencia de la diferencia informativa de lugares y atmósferas de personas, puedes hacer un experimento muy simple y muy interesante. Este experimento consiste en aislarte por completo durante al menos unos días, después de haber observado durante algún tiempo las conexiones entre tus sueños y la realidad.[36]

El aislamiento permite "limpiar" nuestra propia esfera informativa de emisiones de nuestro entorno habitual. Después del período de aislamiento, podrás sentir mucho mejor la diferencia entre tu propio ambiente y el de los demás y serás mucho más receptivo. Muchas veces he tenido esta experiencia, a la que a veces añadía un ayuno, y así pude percibir mucho mejor la realidad de toda esta vida psíquica intangible que nos rodea y nos penetra. Esto me hizo comprender, además, que ciertos sueños no pueden ser explicados en relación con un soñador dado, porque simplemente resultan de información recogida en un ambiente determinado (por ejemplo, una habitación de hotel durante un viaje) y no tienen conexión con la vida personal del soñador. Cuando viajamos, por la noche en nuestras habitaciones de hotel recogemos información relacionada con personas que han dormido allí antes que nosotros. Por eso, muchos sueños realizados durante el viaje no tienen mucho que ver con nuestra vida. Intentar aplicarles los métodos de interpretación o dirección de los sueños que proponen los psicólogos es una pérdida de tiempo. Del mismo modo, cambiar el lugar para dormir a veces es mucho más efectivo que cualquier otra cosa para suprimir las pesadillas recurrentes que provienen de la mala energía de ciertos lugares, en otras palabras, de su "contaminación psíquica".

Para que las actividades de investigación tengan éxito, es importante que las premisas sean energéticamente propicias para el surgimiento de ideas inventivas. Aunque la mayoría de los seres humanos no prestan atención a la "contaminación psíquica", ésta los afecta en varios niveles. Al constituir un ataque a la energía de los individuos y a su potencial creativo, contribuye a crear un malestar a veces incomprensible desde un punto de vista puramente materialista. Por el contrario, un buen ambiente informativo contribuye al bienestar y fomenta la creatividad.

Si hay lugares, por ejemplo, que inspiran a los artistas no es casualidad y es posible que algún día seamos técnicamente capaces de medir la energía de los lugares y de las personas. El trabajo sobre el estudio de los vínculos entre el sueño y la realidad puede ayudar mucho a aquellos que no tienen una sensibilidad consciente a la energía de los lugares. Es importante saber que algunos lugares son desde un punto de vista energético, absolutamente perjudiciales para el trabajo creativo y para la buena salud psíquica y física de los investigadores, cualquiera que sea su grado de percepción consciente de la calidad de su entorno intangible.

Con el trabajo sobre la conexión entre los sueños y la realidad, esta sensibilidad aumenta. Nos volvemos mucho más sensibles a todo lo que nos rodea y cuando hemos progresado lo suficiente, también es posible experimentar la comunicación remota en el estado de vigilia. Especifico que es en el estado de vigilia, porque en los sueños la comunicación remota es bastante común ya que tendrás la oportunidad de observarlo por ti mismo. Durante el sueño, todos estamos activamente en comunicación energética y psíquica entre nosotros sin necesidad de dispositivos tecnológicos.

Es muy común que los buscadores se comuniquen entre sí a través de este canal sin ser conscientes de ello en su vida de vigilia. Por experiencia entendí que el cuerpo capta remotamente todo lo que nos interesa o está en relación energética con nosotros. También he notado que las comunicaciones a distancia en el estado onírico o durante la vigilia se dan de manera privilegiada cuando existe un fuerte vínculo afectivo, familiar o un centro de interés común.

Observar los vínculos entre los sueños y la realidad hará a tu mente considerablemente más flexible. De hecho, nuestra *gran conciencia* tiene sus propias leyes lógicas, su propia manera de hacer sus "estadísticas", su propia concepción del espacio y del tiempo y se necesita mucha apertura de mente para aceptarla tal como es y así poder beneficiarse de su inagotable riqueza de información. La *gran conciencia* es muy superior a la mente consciente que tanto adoramos en el mundo occidental. Haríamos bien ahora en prestar más atención a la *gran conciencia* porque siempre está muy por delante de nuestra mente consciente y este aspecto es muy interesante en el campo de la innovación.

2. LA *GRAN CONCIENCIA* ES MUY SUPERIOR A LA MENTE CONSCIENTE PARA PREDECIR EL FUTURO

En estado de vigilia todos tenemos una gran predisposición a pasar nuestro tiempo proyectándonos hacia el futuro o viviendo en el pasado. Para estas proyecciones utilizamos las posibilidades que nos ofrece nuestra mente consciente. La *gran conciencia* puede proyectarse en el pasado y el futuro con una amplitud desproporcionada con la de la mente consciente. Para la *gran conciencia* el tiempo y el espacio también existen, pero no siempre obedecen a las mismas leyes que rigen el espacio-tiempo en el mundo real. En este ámbito, es difícil distinguir claramente entre lo que pertenece al mundo intangible de los sueños y lo que proviene de la realidad que nos rodea. Muy particularmente en este campo, hay un entrelazamiento de lo visible y lo invisible que distorsiona todas nuestras clasificaciones del estado de vigilia. Así que haremos todo lo posible para explicar claramente el concepto de espacio-tiempo en los sueños.

El Espacio en los sueños:

Nuestros sueños están llenos de la información que nos rodea en nuestro mundo físico. Sin embargo, verás que también contienen información de lugares a veces muy lejanos. Nuestro cuerpo es capaz de recoger información de personas que pueden estar en otro país, por ejemplo. En este caso, la ley del espacio material puede ser inoperante. Son otras leyes las que son efectivas, por ejemplo: la ley de la afinidad, la ley de la energía, la ley del pensamiento, la ley de los sentimientos, etc...

Cuando nos ocurre, por ejemplo, captar información sobre personas que están muy lejos de nosotros en el espacio, estas personas en realidad están cerca de nosotros de una forma u otra. Esta cercanía puede ser afectiva o energética o simplemente la persona ha pensado en nosotros y nuestro cuerpo ha captado ese pensamiento. El pensamiento, especialmente el cargado emocionalmente parece viajar más rápido que la luz. Esto se observa fácilmente a través de un diario de sueños y realidad.

En la literatura también hay muchos testimonios sobre este tema. Por ejemplo, en su autobiografía, la escritora Nina BERBEROVA afirmó que pudo en un sueño, percibir a la distancia las circunstancias de la muerte de sus padres, de quienes entonces estaba distante.[37] Nuestro cuerpo es capaz de percibir remotamente eventos que están sucediendo y que tienen una conexión con nosotros. Los sueños no solo nos permiten desafiar las leyes del espacio, también nos permiten acceder al futuro y al pasado. Esta posibilidad es de innegable interés para la investigación.

El tiempo en los Sueños: conocer el pasado y predecir el futuro en los sueños

Aquí nuevamente es difícil distinguir entre el tiempo en los sueños y el tiempo "material", porque estos dos tiempos se compenetran. Al observar simultáneamente tus sueños y tu realidad, verás que tus sueños contienen información sobre tu presente inmediato, el pasado cercano o lejano y el futuro. Intentaremos explicar por qué podemos tener acceso a este tipo de información en los sueños. Los sueños sobre el pasado son bastante fáciles de admitir desde un punto de vista racional. No ocurre lo mismo con los llamados sueños premonitorios.

a) El pasado en los sueños:

Verás a través de tu auto-observación que algunos sueños contienen información sobre eventos pasados que no podrías haber conocido conscientemente. Por ejemplo, un evento sucedió dos semanas antes y te enteras de ello dos semanas después en tus sueños. En este caso, es como si la información captada en tiempo real por la *gran conciencia* no pudiera llegar a tu mente consciente hasta dos semanas después. También verás que en los sueños puedes acceder a información sobre tus antepasados, incluso aquellos que murieron hace mucho tiempo. En este caso, probablemente estemos accediendo a la memoria de nuestro cuerpo que contiene algo de todos los seres que nos han precedido y han contribuido a su formación. Lo que los psicólogos llaman memoria transgeneracional puede almacenarse en nuestro propio cuerpo físico.

A través del estudio de los vínculos entre el sueño y la realidad también verás que puedes acceder a una memoria colectiva mucho más grande que la que se manifiesta materialmente por los medios modernos de almacenamiento de información humana. Podrás extraer información sobre el pasado de la humanidad e información sobre el presente que a veces es sofocada por los poderes existentes. En el mundo intangible de la información nadie puede bloquear el flujo de información. No hay periodistas ni poderes políticos que te impidan saber lo que quieres saber. Acceder a la información que deseas depende de ti. Hay una memoria psíquica colectiva o para usar el lenguaje de Karl Gustav JUNG: un inconsciente colectivo. Algunas tradiciones espirituales enseñan que existe una memoria colectiva de la humanidad: los registros akáshicos. Según estas tradiciones, algunas personas logran acceder a los registros akáshicos de forma consciente o en los sueños. En las viñetas de los libros de los muertos de los antiguos egipcios, la memoria del mundo está simbolizada por el dios Anubis, quien cuando se para cerca de la llamada balanza de la Justicia toma notas en una tabla.[38]

Los avances en la informática finalmente hacen que la existencia de este tipo de memoria sea bastante realista. ¿No nos hemos vuelto capaces de almacenar cantidades cada vez mayores de información en medios cada vez más pequeños? Nuestros cuerpos en sí mismos no son solo materiales, también son almacenes-transmisores-receptores de información y energía. Ciertamente existen "medios naturales" que no conocemos y que registran todo tipo de información. Por lo tanto, el conocimiento de eventos pasados puede explicarse con relativa facilidad, mientras que el acceso al futuro parece a primera vista bastante extraño.

b) El futuro en los sueños:

Dado el hábito que tenemos de nuestro espacio-tiempo, puede parecer mucho más difícil admitir que podemos acceder a información sobre el futuro. Parece "paranormal" o "maravilloso" o bastante imposible. Sin embargo, rápidamente te darás cuenta a través del trabajo de observación de los sueños y la realidad, que soñar con eventos futuros es bastante banal y común.[39] También notarás que a veces sueñas con anticipación cosas sin importancia. De hecho, todos tenemos sueños proféticos todas las noches por la sencilla razón de que no vivimos nuestras vidas en el sentido comúnmente aceptado. Comúnmente, creemos que la parte más importante y decisiva de la vida es la vida de vigilia. De hecho, es todo lo contrario y así es para todos. La parte más importante de nuestra vida individual y colectiva tiene lugar durante los sueños. Es en los sueños que los seres humanos se comunican más intensamente entre sí. Al día de hoy la ciencia no sabe para qué sirve un sueño, pero dice que, sin sueño, el ser humano no puede vivir. Tanto es así que Descartes hubiera hecho mejor en decir "sueño, luego existo". Cada noche en el cerebro de los seres humanos, se programa en red el día que seguirá y también ciertos eventos importantes a más largo plazo.

Observar las conexiones entre los sueños y la realidad demuestra que, en la vida de vigilia, solo estamos manifestando individual y colectivamente lo que ha sido programado en nuestro cerebro en los sueños. Esta programación opera en todos los seres vivos, incluso en aquellos que no tienen memoria consciente de sus sueños. Una cosa se destaca muy claramente a través del estudio de los enlaces entre la realidad y los sueños: ¡estamos absolutamente equivocados cuando creemos que es la mente consciente la que está dirigiendo nuestra vida todo el tiempo y nuestro destino! Incluso las personas muy cerradas a su vida interior viven bajo la influencia de la programación nocturna de su cerebro. Otras más abiertas aprovechan mejor este proceso y a veces, son capaces de percibir de manera consciente el futuro que se les anuncia.

Dado que cierta información sobre el futuro llega a la

mente consciente a través de sueños claros y precisos, la humanidad siempre ha sabido que los sueños pueden "predecir el futuro". Es esencialmente esta facultad onírica la que interesaba a los Antiguos. Consideraban, sin embargo, que los sueños premonitorios eran enviados por los dioses y esperaban pacientemente su intervención divina.[40] Hoy en día, los sueños premonitorios siguen siendo considerados por la mayoría de las personas como hechos maravillosos, paranormales o divinos y son negados por la ciencia que, sin embargo, sería la primera en poder sacar gran provecho de ellos. Aquellos que se atreven a hablar de sus sueños premonitorios en ciertos círculos son ridiculizados por personas totalmente ignorantes de su propio mundo onírico. Sin embargo, predecir el futuro es una facultad completamente natural de nuestro cerebro. Ya existe en el estado de vigilia y todo el mundo lo usa de forma natural, simplemente se amplifica considerablemente durante el proceso onírico.

La literatura antigua y moderna abunda en testimonios sobre la posibilidad de conocer el futuro a través de los sueños.[41] ¿Cómo podemos explicar la existencia de esta facultad natural de conocer el futuro? Podemos entender este fenómeno comparándolo con lo que sucede en la vida de vigilia. En realidad, a nadie sorprende el hecho de que puedas prever que, en el futuro, en tal día a tal hora, harás tal cosa, por la simple razón de que lo has decidido solo o de acuerdo con otros. La *gran conciencia* hace exactamente lo mismo, pero como tiene acceso a mucha más información que la *pequeña conciencia* es capaz de organizar el futuro con mucho más avance y mucha más precisión. Cuando hayas trabajado lo suficiente en la observación de tus sueños y tu realidad y hayas descifrado la mayoría de tus propios símbolos oníricos, encontrarás que ciertos eventos se anuncian a veces diez años antes, a veces con claridad y precisión en los sueños. Sin embargo, los eventos más comunes aparecen en los sueños poco antes de que se manifiesten en la realidad. Los sueños preparan constantemente la vida cotidiana, pero pocas personas son conscientes de este estado de cosas, porque no han aprendido a descifrar su propio lenguaje onírico. Como resultado, solo se benefician en toda su vida de unos pocos sueños claros y precisos sobre su futuro y se pierden todos los demás sueños premonitorios porque no han aprendido a descifrar su lenguaje onírico.

Conocer tu propio lenguaje onírico a través de la observación simultánea de tus sueños y de tu realidad te dará una ventaja invaluable para guiarte en la vida y dirigir tu investigación científica. Esto te ayudará a aprovechar las oportunidades, tomar buenas decisiones, superar obstáculos y evitar muchos tropiezos. Para poder aprovechar al máximo el proceso onírico a fin de conocer el futuro, es necesario aprender a distinguir los sueños premonitorios de otros sueños, como los sueños de realización de deseos, los sueños de "digestión" de información, los sueños psicológicos, los sueños de información sobre los demás, y las pesadillas recurrentes debidas a traumatismos. Estas pesadillas muestran catástrofes que nunca suceden. Por otro lado, Freud tenía razón en parte cuando creía que los sueños son el cumplimiento de los deseos. De hecho, tales sueños ocurren con frecuencia.

En consecuencia, si deseas algo con mucha fuerza, no confundas tus sueños de realización de deseos con sueños premonitorios. En este caso, estarías muy decepcionado. He observado que cuando anhelo algo, mis sueños me sirven de poco para conocer el futuro en este punto. Carezco del desapego necesario y como resultado, mi mente consciente forma sueños de cumplimiento de deseos, que por lo tanto no provienen de mi *gran conciencia*. En este caso, pido a mis familiares que me ayuden contándome sus sueños. Al no ser invadida por un fuerte deseo, la mente consciente de mis seres queridos está más abierta a recibir mensajes de mi gran *conciencia* y ellos sueñan la respuesta para mí. Es como si su mayor neutralidad les permitiera captar mejor la información que me concierne y que llevo dentro y a mi alrededor, mientras mi fuerte deseo obstruye el paso de la información en mi mente consciente. Verás al observar tus sueños y tu realidad que algunos sueños son simplemente creaciones de tu *pequeña conciencia*, con todas sus limitaciones.

Cuanto más desapego y neutralidad adquirimos de nuestra propia vida más claro vemos en ella el pasado, el presente y el futuro, a través de los sueños y también en la realidad. ¡Pero ser desapegado y neutral no siempre es fácil!

Además, algunas personas tienen pesadillas recurrentes de desastres que nunca suceden. Si estás en este caso, es interesante hacer un trabajo de observación de tus sueños y de tu realidad. Primero para tranquilizarte sobre la naturaleza no premonitoria de estos sueños y luego para aprovechar este fenómeno para acceder a los traumas a veces muy antiguos que los formaron.

Según investigaciones de psicólogos y analistas de grupo, los traumas pueden transmitirse a través de varias generaciones.[42] Reaparecen en pesadillas recurrentes sin conexión con la vida real del soñador. En general, estas pesadillas se repiten con el mismo tema emocional y diferentes escenarios. Algunos soñadores sienten un gran miedo, otros mucha angustia.

Si eres propenso a este tipo de pesadillas aprende a detectarlas bien, porque puedes hacer un excelente uso de ellas en lugar de sufrir los inconvenientes. Las pesadillas recurrentes están vinculadas a importantes potenciales energéticos. Liberarse de ellas permite utilizar estos potenciales energéticos para ser más creativo. Del mismo modo, desentrañar la red de recuerdos traumáticos permite a las personas que sufren un trauma transgeneracional acceder a información que, en ocasiones pertenece a un pasado muy lejano de la humanidad. La observación simultánea de los sueños y de la realidad será muy valiosa para ti. Con el tiempo, te darás cuenta de que son ciertos eventos en tu realidad, un estado de estrés o un periodo de aislamiento, los que reactivan estos traumas desconocidos de tu mente consciente. Lo último de lo que quiero hablar antes de cerrar con el tema del futuro en los sueños es el destino.

c) Sólo el pasado es inmutable, no el futuro:

Usaremos aquí la misma comparación que usamos para explicar por qué los sueños predicen el futuro. Hemos visto que la mente consciente predice el futuro y nadie se sorprende. También hemos visto que la diferencia entre la mente consciente y la *gran conciencia* en su función de predecir el futuro es que la *gran conciencia* puede acceder a mucha más información que la *conciencia pequeña* para organizar el futuro. Por lo tanto, puede prever mucho más adelante y mucho mejor. A veces tu mente consciente ha planeado un futuro que finalmente no se hará realidad. Por ejemplo, el lunes has concertado una cita para el sábado siguiente y cancelas esta cita el viernes. Hasta el viernes conocías tu futuro en relación con tu sábado y, sin embargo, esa predicción consciente no se hizo realidad.

Lo mismo puede ocurrir con las predicciones de la *gran conciencia*. Ella puede cambiar de opinión y tú también puedes cambiar de opinión. Por eso, sean cuales sean tus sueños, no seas fatalista y resignado. Es verdad que los sueños influyen en la realidad, pero la realidad también influye en los sueños y así, siempre queda tiempo cuando nuestros sueños nos informan que algunas cosas no van bien de tomar las medidas adecuadas en la realidad para arreglar esta situación o evitar ciertos sucesos de los que los sueños nos advierten. En la mayoría de los casos, somos libres de cambiar nuestra realidad.

Ahora explicaré cómo, en vez de ser pasivo, puedes obtener la información que deseas de tu *gran conciencia*. Todo el trabajo personal que habrás realizado te permitirá provocar voluntariamente la aparición de nuevas ideas en lugar de confiar únicamente en el azar o la suerte.

CAPÍTULO 4: UNA FORMA ÚNICA DE ACCEDER A NUEVAS IDEAS Y A LA INFORMACIÓN SUBCONSCIENTE

Cuando hayas descifrado la mayor parte del lenguaje de tus sueños, tendrás una herramienta notablemente efectiva para comprender tus sueños y comunicarte más efectivamente con tu *gran conciencia*. De hecho, podrás hablarle en su propio lenguaje simbólico y transmitir mejor los mensajes. Tiene sentido, si pensamos en ello, que la *gran conciencia* debe tener tantos problemas para comprendernos como nosotros tenemos problemas para comprender conscientemente el lenguaje de nuestros sueños. *La gran conciencia* y la mente consciente no hablan el mismo idioma, de ahí la dificultad de pasar información útil de una a otra. Con la decodificación de los sueños, se resuelve el problema de la comunicación con la *gran conciencia*. Habiendo llegado a conocer su forma de hablar, eres capaz de hacerte escuchar y cuando ella responde eres capaz de entender su respuesta. Hemos visto que los sueños son intermediarios entre la *gran conciencia* y la mente consciente. La lógica de los sueños no sólo juega en el sentido sueños/realidad sino también en el otro sentido realidad/sueños.

En otras palabras, como los sueños son intermediarios,

podemos usarlos de las dos formas, es decir:

- *de la gran conciencia hacia* la *pequeña conciencia*, por ejemplo, cuando sabemos descifrar el significado de nuestros sueños.

Diagrama n° 9:

- *de la pequeña conciencia a la gran conciencia*, cuando deseamos obtener una respuesta a una pregunta en un sueño.

Diagrama n° 10:

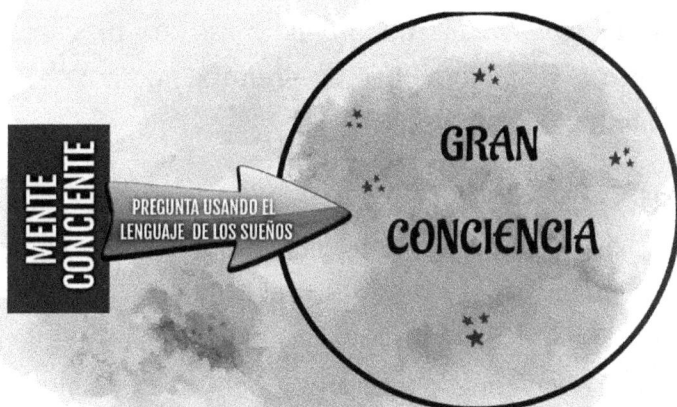

Durante los experimentos que realicé sobre mi propio proceso onírico, tuve la idea de hacerle preguntas a mi *gran conciencia* en su propio lenguaje, es decir en mi lenguaje onírico, que yo había descifrado previamente. Claramente, antes de dormirme, me hago una pregunta usando el "vocabulario" de mis sueños. He observado que hacerlo aumenta considerablemente mis posibilidades de obtener una respuesta precisa en mis sueños a las preguntas que me hago. **De hecho, es uno de los descubrimientos más útiles que he hecho sobre el proceso onírico.** Para ello tomaré un ejemplo concreto y de actualidad, dado el mercado laboral actual, luego el ejemplo de la investigación científica. Si alguien ha descifrado que en su lenguaje onírico "el sombrero" es el símbolo más utilizado por su *gran conciencia* para representar su trabajo, esta persona podrá utilizar este símbolo en el otro sentido (de la *pequeña conciencia* a la *gran conciencia*) integrándolo en una pregunta que se hace a sí misma antes de dormirse, como: "¿Me voy a cambiar el sombrero?"

He observado que la cuestión se plantea con mayor eficacia si se forman mentalmente las imágenes del símbolo y se plantea "desde el fondo del corazón", lo que la carga de emoción, es decir, de energía. En este caso, la *gran conciencia* puede responder con un sueño que usa el mismo símbolo contenido en la pregunta, o usar otros símbolos que también has aprendido a descifrar. En cualquier caso, utilizar tu lenguaje onírico previamente descifrado para hacer preguntas a tu *gran conciencia* aumenta tus posibilidades de comunicarte eficazmente con ella y por tanto de recibir una respuesta adecuada.

Si los científicos supieran esto, podrían ser mucho más eficientes en su trabajo. **Si los buscadores aprendieran a observar su proceso onírico, podrían usar los símbolos descifrados de sus sueños para pedirle a su *gran conciencia* respuestas a las preguntas que tienen.** Podrían guiarse mejor y más intuitivamente en sus experiencias y podrían comprender mejor las cosas que son imposibles de entender solo desde un punto de vista materialista. Esto aceleraría el ritmo de los descubrimientos científicos.

Me divierte mucho notar que en Francia no tenemos un centro nacional para los descubrimientos científicos, sino solo un *CNRS* o *Centro Nacional de Investigación Científica*. Este centro emplea a personas que generalmente son "demasiado serias" para interesarse por sus sueños. No tienen tiempo para eso, porque pasan demasiado tiempo en investigaciones infructuosas.

Por desgracia, en el mundo científico todavía hay muy pocas personas que hayan desarrollado su intuición o que presten un poco de atención a sus sueños. Sin embargo, para crear primero hay que atreverse a soñar. Afortunadamente, algunos de los investigadores más renombrados han mencionado el papel que juegan los sueños en sus descubrimientos.[43]

Estos investigadores creen que el pensamiento lógico por sí solo no conduce a grandes descubrimientos científicos, para eso necesitamos algo más. Creen que la intuición y los sueños están en el origen de los mayores avances científicos. Según estos investigadores, el proceso mental de la creación científica se desarrolla en dos etapas. Primero hay una idea, una intuición o un sueño, luego a través de la lógica y la experimentación probamos estas nuevas ideas y las manifestamos en la realidad. Aunque muy raros, los sueños inventivos siempre han existido, pero pocos investigadores modernos se atreven a hablar de ellos, debido al tabú que reina sobre las facultades no racionales en el mundo científico. La actitud general del público y de los propios científicos hacia el sueño inventivo es bastante irracional.

El sueño inventivo cuando se reconoce, se atribuye como en el pasado lejano de la humanidad a una especie de intervención divina que ahora se llama "casualidad" o "suerte". Nadie trata de entender lo que realmente pasó en la mente del afortunado descubridor. Sin embargo, si miramos más de cerca, una idea nueva nunca es el resultado de la casualidad, necesariamente resulta de un conjunto de circunstancias favorables a su ocurrencia. *A la inversa*, el escaso número de sueños inventivos desfavorables a la innovación resulta de un cierto número de condiciones desfavorables al descubrimiento.

Si los buscadores desarrollaran su habilidad onírica podrían comprender cuáles son los obstáculos a su propia creatividad y cuáles son las circunstancias más favorables. También podrían interrogar a su *gran conciencia* en su propio idioma para obtener nuevas ideas. Por lo tanto, podrían aprovechar de manera selectiva y efectiva una fuente de información mucho más grande que la que su mente consciente puede alcanzar. La mente consciente es muy útil en el campo científico, pero sería mucho más eficiente si estuviera guiada por la *gran conciencia*. Las capacidades de la mente consciente son fundamentales para llevar a cabo trabajos de investigación científica. Sin embargo, sería mucho más eficiente si cooperara con la gran conciencia.

Para ilustrar esto tomaremos el siguiente ejemplo. En el campo de la investigación científica, el enfoque de la mente consciente sería comparable al de alguien que busca un libro en los archivos físicos de todas las bibliotecas del mundo. Mientras que el proceso de *gran conciencia* sería comparable al de alguien que hace la misma búsqueda en Google o AI (Inteligencia Artificial) y encuentra la respuesta en poco tiempo. Antes de que puedas comunicarte de manera efectiva con tu *gran conciencia* para obtener las respuestas a las preguntas que tienes, necesitarás algo de tiempo de práctica y una "higiene onírica", como veras en el próximo capítulo que explica cómo ponerte en las mejores condiciones para tener sueños inventivos.

CAPÍTULO 5: LAS MEJORES CONDICIONES PARA QUE LOS INVESTIGADORES TENGAN SUEÑOS INVENTIVOS

Aunque los sueños inventivos siempre han existido, pocos seres humanos los tienen y pocos científicos se atreven a hablar de ellos. Los inventores que no son científicos son en general los que más se atreven a hablar del origen onírico de sus invenciones. Pero hasta ahora no se ha llevado a cabo ninguna investigación seria sobre este fenómeno. Pensamos que en lugar de esperar a que un sueño de descubrimiento se manifieste como siempre se ha hecho, sería mejor averiguar qué causa que tales sueños aparezcan y qué lo impide. Por lo tanto, a través del experimento de la observación de los vínculos entre los sueños y la realidad por mucho tiempo, se destacan las siguientes condiciones óptimas para la aparición de los sueños inventivos.

Esto no excluye la posibilidad de tener sueños inventivos fuera de estas condiciones: la *gran conciencia* es un vasto campo de investigación y aún no conocemos todas sus leyes operativas. Aquí están las reglas que deben seguir aquellos que deseen obtener sueños inventivos.

1. Trabajas de día en el campo en el que quieres hacer descubrimientos de noche

Si un individuo dado tiene un gran sueño inventivo relacionado, por ejemplo, con la biofísica del que no sabe nada, no podrá comprender su sueño y, por lo tanto, sacar ningún beneficio de él. Esta es la razón por la cual históricamente, el sueño inventivo es generalmente realizado por personas que realmente investigan, ya sea a título personal o profesional, que se apasionan por su tema y que prestan un mínimo de atención a sus sueños. Por ejemplo, Karl Gustav Jung trabajaba en un campo que era su vocación y prestaba atención a sus sueños; por lo tanto, tuvo muchas oportunidades de tener sueños inventivos. Karl Gustav JUNG dijo sobre su investigación:

"Mis ideas sobre el centro y el Yo me fueron confirmadas más tarde, en 1927, por un sueño."[44]

Además, un sueño en el que se vio hablando ante un público mucho más numeroso que el habitual, le comunicó la idea de una de sus obras: escrita al final de su vida y considerada su testamento, accesible a los no iniciados en las teorías psicoanalíticas. En este trabajo cita el ejemplo del novelista Robert Louis Stevenson quien:

"...habiendo buscado durante años una historia que expresara su profundo sentido de una personalidad dividida en los seres humanos, el Doctor Jekyll y el Sr. Hyde, se le revelaron repentinamente en un sueño".[45]

2. No interfieres con el buen funcionamiento de tu cerebro

Para tener sueños de descubrimientos o simplemente sueños, hay que respetar el principio de "respiración" del cuerpo humano. Todo en la naturaleza es alternancia: inspiración y expiración, día y noche. Para que la mente consciente pueda recibir información útil de la *gran conciencia,* no debe estar sobrecargada de información. De lo contrario, utilizará todo el tiempo de su noche para "digerir" esta información y tus "sueños" serán de otra calidad, que no tendrá nada que ver con los sueños que emanan de tu gran *conciencia.* Cuando vemos demasiada televisión, por ejemplo, nuestros sueños en lugar de provenir de la *gran conciencia,* son una simple mezcla de todo lo que hemos almacenado durante el día y que nuestro cerebro está procesando. No tienen nada que ver con acceder a la inmensa fuente informacional de nuestra *gran conciencia.* Esto implica que un investigador que desee ser inventivo debe imperativamente tomarse un tiempo para "digerir" su realidad. De lo contrario, él dificulta la comunicación entre la *gran* y la *pequeña conciencia* y se priva del acceso a la fuente de información más neutral y más rica a su alcance. La más rica, porque como rápidamente descubrirás a través de tu propia investigación sobre las relaciones entre tus sueños y tu realidad, no conoce los límites del tiempo y el espacio, que pertenecen únicamente a nuestro cuerpo físico. Este último, si bien está sujeto a los límites del espacio-tiempo, sirve sin embargo como un medio necesario de comunicación con el conocimiento ilimitado de la *gran conciencia*. Por lo tanto, para poder acceder a este conocimiento de manera efectiva, es necesario aprender a hacer un buen uso de las propiedades emisoras y receptoras del cuerpo.

La observación más importante que he hecho sobre este tema a lo largo de mis muchos años de observación y experimentación, es que cuanta más energía vital tiene una persona, más probable es que acceda a nuevas ideas.

De ahí la importancia de aprender a tener la mayor energía vital posible. No es difícil observar en la vida real que es muy raro que las personas deprimidas tengan algo más que pensamientos negativos, tristes y a veces aun destructivos, en vez de ideas innovadoras y creativas cargadas de vida.

3. TEN LA MAYOR ENERGÍA POSIBLE

El potencial creativo de los individuos está íntimamente ligado a su energía vital. El trabajo de observación del proceso onírico permite aumentar este potencial por múltiples razones. Permite resolver los problemas psicológicos que bloquean la circulación de la energía en el cuerpo, tomar conciencia de los diversos ataques a la energía psíquica y aprender a remediarlos. También nos permite conocer mejor nuestros propios mecanismos de recarga energética. De hecho, a través de la observación de las relaciones entre los sueños y la realidad, podrás ver muy claramente las fluctuaciones de tu energía vital. Una vitalidad óptima da como resultado sueños coloridos, brillantes y alegres, mientras que la fatiga y el estrés tienden a hacer que los sueños sean más aburridos. Al observar las fluctuaciones de tu energía, puedes aprender a identificar lo qué en tu vida de vigilia promueve una alta energía vital y lo qué, por el contrario, socava tu vitalidad. No es bueno, por ejemplo, pasar tiempo en ciertos lugares cuya energía no es favorable a la vida. Y allí, notarás con gran asombro que tu mente consciente y tu *gran conciencia* no tienen en absoluto los mismos criterios para apreciar la "belleza" de los lugares. Conocer las relaciones entre tus sueños y tu realidad te permitirá conocer mejor cómo utilizar las propiedades receptoras de tu cuerpo.

4. APRENDE A UTILIZAR MEJOR LAS PROPIEDADES RECEPTORAS DE TU CUERPO

El cuerpo físico es un laboratorio sujeto a las leyes del tiempo y del espacio. Sin embargo, como funciona en la interconexión del mundo material e inmaterial, también puede liberarnos de sus propios límites, los del tiempo y el espacio. Para que nuestro cuerpo sea un instrumento eficaz, debemos respetarlo. En cuanto a los sueños debemos dormir lo suficiente, es importante no estar en un estado de gran cansancio porque en este caso olvidamos casi siempre los sueños.

Si buscas arduamente y sin resultado la respuesta a una pregunta, en lugar de sobrecargarte de trabajo, da un paso atrás y duerme más tiempo. Los investigadores deberían dormir hasta muy tarde de forma regular, porque las nuevas ideas con mayor probabilidad de entrar claramente en la conciencia diurna son las de los sueños matutinos. Una técnica efectiva es volver a dormir inmediatamente por la mañana después de que suene la alarma. Esto multiplica las posibilidades de obtener claros sueños inventivos.

Es obvio por supuesto, que es mejor dormir en las mejores condiciones posibles: una buena cama, una habitación bien ventilada y tranquila te darán las mejores posibilidades de tener sueños inventivos. Los investigadores que se acuestan con otra persona y viven con su familia no deben dejar de pedir a sus familiares que cuenten sus sueños. Verán que muy a menudo los sueños de sus seres queridos responden con precisión a sus preguntas porque comparten la misma "burbuja" de información. La "burbuja" de información en la que nuestro cuerpo está inmerso es muy importante en cuanto a las posibilidades de acceso a cierto tipo de información. Por lo tanto, es necesario aprender a detectar las burbujas de información desfavorables a las invenciones y liberarse de ellas.

5. LA IMPORTANCIA DEL ENTORNO INFORMACIONAL

A veces hay fuentes de información muy fuertes y muy desfavorables que emanan de grupos de individuos o de los lugares en los que nos encontramos. El trabajo sobre los sueños y la realidad te enseñará a detectar estos entornos desfavorables a tu creatividad. Conociéndolos, podrás salir de ellos y colocarte en mejores condiciones. Tomemos el ejemplo de la investigación científica: he aquí el "retrato típico" de un investigador.

Diagrama n°11:

Esta persona vive en una "burbuja de información" que contiene toda la información que le concierne: historia familiar, vida psíquica, energía vital, emociones y vida intelectual. Eso es lo que llamamos vibra o su aura.

En general todos los investigadores de un equipo son muy similares desde el punto de vista de su bagaje informativo y de su estructura mental. Esto es lógico en la medida en que se contratan según criterios muy concretos que dan cierta homogeneidad a un equipo. La selección se hace sobre la base de habilidades pertenecientes esencialmente al cerebro izquierdo, analítico y racional y que permiten conseguir un mismo tipo de diploma. Estos criterios de selección no tienen en cuenta en absoluto las capacidades intuitivas de los investigadores.

La homogeneidad, así establecida crea un campo informacional desfavorable para el éxito del equipo de investigación. Sus miembros encontrarán muy difícil abstraerse de este poderoso campo para ir a buscar la inspiración y las nuevas ideas necesarias para el éxito de la investigación. Tanto es así que, si los investigadores no tuvieran vida personal y durmieran todos juntos en sus laboratorios, tendrían casi cero posibilidades de inventar algo.

Este fenómeno explica en gran medida la "rutina" intelectual en muchos campos. Aquí hay un esquema de un equipo de investigación y su ambiente informacional.

Equipo de investigación, diagrama n°12:

En la práctica, cuando se forma un equipo de investigación de este tipo, se crea un ambiente informacional homogéneo y poderoso en términos de ideas, que actúa como una pantalla infranqueable para acceder a nuevas ideas en los sueños. El fenómeno en cuestión es muy simple y muy fácil de observar a través del método de trabajo que te he descrito. Así como la mente consciente tiende a ser prisionera de la educación intelectual, cultural y espiritual que ha recibido; por su parte la *gran conciencia* está bajo la influencia del campo informativo. Esta influencia dura un tiempo proporcional al tiempo de inmersión de nuestro cuerpo en un determinado campo informacional.

Cuando el matemático Laurent Schwartz considera:

"...que uno de los aspectos esenciales del descubrimiento es el levantamiento de las inhibiciones. La inhibición viene de nuestra propia arquitectura [se trata de la arquitectura mental] que no podemos derribar".[46]

Medimos la importancia de salir de los campos homogéneos de información para eliminar todas las inhibiciones conscientes e inconscientes al descubrimiento.

90

Surge de mis observaciones que nuestro cuerpo físico colocado en un determinado campo de información se hace cargo temporalmente de la energía y de la información de los lugares. Todas estas particularidades de los lugares son registradas por nuestra *gran conciencia* que comunica parte de esta información a nuestra mente consciente a través de los sueños.

Este hallazgo es importante para la investigación e implica que, para acceder a nuevas ideas, los investigadores harían bien en alejarse regularmente de su equipo habitual. El campo de información de los equipos de investigación modernos, demasiado homogéneos, constituye un potente obstáculo para acceder a nuevas ideas.

Diagrama n°13 salida de la homogeneidad de un campo informacional

Deberíamos revisar completamente nuestra concepción de la organización de la investigación. Dicho esto, salir de los campos de información que se interponen en el camino del descubrimiento no es suficiente. También es necesario que el investigador se coloque en un campo informacional diferente, pero uno que también pueda mantenerlo en sintonía con su investigación. El trabajo personal sobre las conexiones entre los sueños y la realidad permite detectar cuáles son para cada persona estos entornos favorables o desfavorables. Ciertos lugares, ciertas personas o la soledad permiten al soñador acceder a determinados campos informativos. El cuaderno de sueños y realidades permitirá a cada soñador observar lo que lo "desconecta completamente" de sus objetivos y de su esfera de actividad o lo que lo "conecta"

y favorece así sueños inventivos. Aquí no existe una ley única y absoluta, las situaciones son tan variadas como los seres humanos y el cuaderno de sueños y de realidad es actualmente el instrumento de investigación más seguro a nuestro alcance, porque por ahora no hay instrumento científico que permita medir la energía de los lugares y la vitalidad de los individuos. Observar las relaciones entre los sueños y la realidad ciertamente requiere tiempo y atención, pero está lejos de ser en vano. El tiempo dedicado al este trabajo personal es más que compensado por el tiempo ahorrado en la vida real. La historia de la ciencia muestra que cada vez que un investigador, a veces sin saberlo, ha logrado establecer una buena comunicación entre su *gran conciencia* y su mente consciente, ha dejado muy atrás a todos los demás investigadores, encerrados en la pobreza de información y en los límites de su mente consciente. Entonces, ¿por qué continuar privándote de un diálogo fecundo con tu *gran conciencia*?

6. SABER DIALOGAR CON LA GRAN CONCIENCIA

Nuestra formación intelectual y nuestra cultura difícilmente nos invitan a prestar atención a nuestros sueños; menos aún darles alguna consideración con el fin de utilizarlos como instrumentos de descubrimiento e innovación. Nos estamos privando, por tanto, de una importante fuente de información a la que, en ocasiones, ciertos investigadores tenían acceso, durante el tiempo de un descubrimiento, por pura casualidad. La investigación científica podría beneficiarse enormemente del uso de la *gran conciencia*. En lugar de contentarse con recibir de vez en cuando, como por golpe de suerte, información de la *gran conciencia* o una intuición, debería adoptar una actitud mucho más activa que incluso la llevaría a acelerar el progreso científico y técnico. Cuanto más observamos nuestros sueños en relación con la realidad, más fácilmente se comunica la *gran conciencia* con la mente consciente. La *gran conciencia* es mucho más poderosa que la mente consciente en el ámbito de la innovación en todas sus formas, va mucho más rápido que la mente consciente para encontrar nuevas ideas.

Para resolver un problema dado, la mente consciente probará por ensayo y error todas las soluciones y combinaciones posibles. Esto implica la necesidad de hacer una gran cantidad de experimentos y utilizar presupuestos de investigación impresionantes sin ninguna garantía de éxito. Esta es la forma habitual de trabajar en los laboratorios de investigación. A pesar de esto, de vez en cuando sucede que la mayoría de los investigadores aislados (o también algunos inventores) tienen una idea brillante que los lleva directo al grano al realizar inmediatamente un experimento que les permite obtener rápidamente el resultado de la investigación. Otto

LOEWI, por ejemplo, había soñado con la experiencia que le valió el Premio Nobel.[47]

La experiencia del cuaderno de los sueños y de la realidad demuestra que la *gran conciencia* puede dar directa y rápidamente la respuesta a una pregunta planteada en "su lenguaje", pero también puede mostrarnos el camino preliminar para obtenerla, dirigirnos hacia determinadas personas o ciertos lugares, o simplemente decirnos que es una pérdida de tiempo seguir buscando cierta información.

Cuando la decodificación del lenguaje onírico esté suficientemente avanzada entonces podremos actuar como intérpretes entre la *gran conciencia* y la mente consciente. Basta antes de ir a dormir formular una petición a la *gran conciencia* **en su propio lenguaje** que hemos llegado a conocer a través de la decodificación de los sueños.

La circulación de la información se hace en dos direcciones: de la *gran conciencia* a la mente consciente y de la mente consciente a la *gran conciencia,* con un mismo medio: los sueños. En otras palabras, una vez que hayamos comprendido y descifrado el significado particular de nuestros sueños, seremos capaces de utilizar esta información por un lado para comprender lo que la *gran conciencia* nos transmite espontáneamente a través de los sueños, y por otro lado para hacerle preguntas. La *gran conciencia* comprenderá con mayor eficacia lo que queremos saber, si le hablamos en su propio lenguaje.

7. SER TOLERANTE CON LA GRAN CONCIENCIA

Sucede que la *gran conciencia* después de haber sido solicitada en su propio lenguaje, nos transmite una respuesta que nuestra mente pequeña y estrecha encuentra ridícula y deja de lado. Cuantas veces no sucede que una persona que presenta una nueva idea es objeto de burlas por parte de su entorno, lo que le anima a no continuar en este nuevo camino que la *gran conciencia* le ha sugerido.

Cuando escribimos nuestros sueños, debemos evitar esta peculiaridad de la mente racional que tiende a ridiculizar y rechazar todo lo que no corresponde a sus estrechos estándares. Concretamente, para el trabajo de observación de las relaciones entre los sueños y la realidad, esto significa que tienes que anotar todos los sueños, incluso aquellos que a primera vista te parecen inútiles y descabellados, no tienes que resolver tus sueños de inmediato. Del mismo modo, debemos probar sistemáticamente, cuando la realidad lo permite, lo que los sueños nos presentan como un descubrimiento o una nueva idea en un campo. Cuanto más tolerantemente cooperamos con la *gran conciencia*, más tiende a cooperar con nosotros. Lo contrario también se verifica a través de la observación de las relaciones entre los sueños y la realidad.

En resumen, para favorecer la aparición de los sueños de descubrimientos es necesario trabajar de día en el campo en el que queremos hacer descubrimientos de noche, saber elegir para nuestro cuerpo un entorno informativo adecuado, dialogar en el propio lenguaje con la gran *conciencia* y ser consciente de lo que impide una buena comunicación entre la *gran conciencia* y la mente consciente. Eso sí, hay que dormir lo suficiente y en buenas condiciones. Del mismo modo, debes comer muy ligero por la noche, porque es bien sabido que las digestiones difíciles muy a menudo provocan pesadillas. Y, para terminar, hay que saber que la angustia y todos los sentimientos negativos, así como una mala higiene de vida, contribuyen a dificultar el paso de la información inventiva desde la *gran conciencia* hacia la mente consciente.

CONCLUSIÓN

La observación de las conexiones entre los sueños y la realidad nos ha permitido comprender que la gran mayoría de los sueños, al igual que la mayoría de los procesos vitales, resultan de un proceso de intercambio entre el soñador y su entorno tangible e intangible. Subrayamos el papel que juega todo el cuerpo humano durante estos intercambios y comprendimos que es posible al observar simultáneamente nuestros sueños y nuestra realidad descifrar el significado de nuestro único lenguaje onírico. De hecho, haciendo este trabajo durante un período bastante largo es posible decodificar la mayoría de los sueños de una persona con precisión y eficacia, porque los mismos símbolos oníricos aparecen simultáneamente en el mismo contexto real. Entonces es posible utilizar este lenguaje descifrado para comunicarse mejor con la *gran conciencia* y provocar sueños inventivos.

Para hacer esto, se deben cumplir ciertas condiciones, que hemos discutido en este libro. En la actualidad, los equipos de investigación científica de todo el mundo están muy lejos de estas condiciones óptimas de creatividad, de las cuales la mayoría de las veces ni siquiera suponen la existencia. Cuando los equipos de trabajo científicos hayan decidido implementar el método propuesto en este libro, dejarán muy atrás a todos los demás investigadores. Permitirán acelerar significativamente el progreso científico y técnico de la humanidad.

Que este libro contribuya a la multiplicación de los sueños de descubrimiento.

SOBRE ANNA MANCINI

Puedes encontrar mi biografía en mi sitio web:

Francés y otras lenguas: www.amancini.com

Español: http://espanol.amancini.com

Canales de Youtube:

Francés con subtitulos españoles:
https://www.youtube.com/@lasignificationdesreves

Español:
https://www.youtube.com/@elsignificadodetussuenos

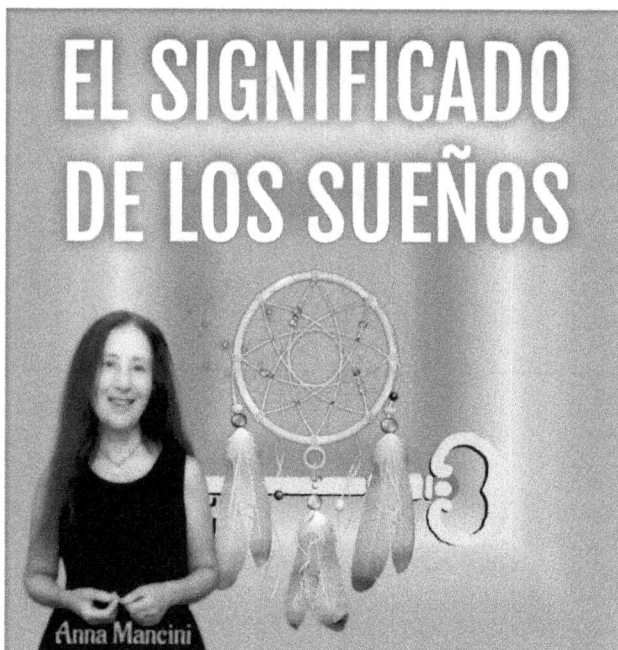

LOS LIBROS DE ANNA MANCINI PARA AYUDARTE A DESARROLLAR TUS HABILIDADES DE ENSUEÑO, SOÑAR MEJOR, Y DORMIR MEJOR

Se necesita una cantidad variable de tiempo para entrenar de manera efectiva en mis técnicas de sueño. Este tiempo varía según el nivel inicial del estudiante. Cualquiera puede aprender este arte de soñar, incluso las personas que creen que no están soñando y hasta las que tienen problemas para dormir. Simplemente comienzas en el nivel que es tuyo.

Cualquiera que piense que no sueña o que solo recuerda sus sueños cuando son pesadillas puede beneficiarse enormemente de la lectura del libro que escribí para ellos: *Estrategias para recordar los sueños*

Todos aquellos que tengan problemas de insomnio y que ya hayan probado de todo, se beneficiarán de la lectura del libro que escribí para ellos: *Estrategias para dormir mejor y volver a tener un descanso ideal,* que abre otros horizontes de comprensión y alivio de los problemas de insomnio. También les aconsejo que lean el libro de Laure Goldbright, *Testimonio sobre los beneficios de la higiene intestinal.* Porque el estado del aparato digestivo influye mucho en la calidad de nuestro sueño y es el causante de muchos trastornos del sueño.

Aquellos que ya sueñan bien y suelen recordar bien sus sueños pero no entienden su significado, leerán provechosamente primero: *El Significado de los Sueños.*

OTROS LIBROS MÁS ESPECIALIZADOS EN TÉCNICAS ONÍRICAS ESTÁN ESPECIALMENTE DIRIGIDOS A:

- a inventores, investigadores y científicos: *¿Cómo Nacen Los Inventos?*

- a los arqueólogos e historiadores: *Como Conocer Los Secretos, Enigmas Y Misterios Del Antiguo Egipto Y De Todas Las Antiguas Civilizaciones*

- a las personas que deseen desarrollar sus llamados talentos paranormales para conocer su futuro: *La Clarividencia Onírica, Aprenda a Ver su Futuro en sus Sueños*

Además, ante la aceleración en el número de desastres naturales y el auge del terrorismo, me comprometo a difundir la idea de que es posible, gracias a los sueños, ser advertido de estos peligros y escapar de ellos por completo, salvando también la vida de nuestros seres queridos. Escribí en este sentido: *Tus sueños pueden salvar tu vida*. Aconsejo a todos los que viven en zonas peligrosas crear, en su ciudad, su pueblo, su barrio, su comunidad o su empresa un grupo de vigilancia de los sueños. Encontrará todas las explicaciones en el libro para que este grupo funcione de manera efectiva.

BIBLIOGRAFÍA

Otros libros de Anna Mancini sobre los sueños

El Significado De Los Sueños

Tus Sueños Pueden Salvar Tu Vida

La Clarividencia Onírica, Aprenda A Ver Su Futuro En Sus Sueños

Estrategias Para Recordar Los Sueños

Estrategias Para Dormir Mejor Y Volver A Tener Un Descanso Ideal

Sueños Y Salud, Descubre Los Sueños Más Comunes Que Te Informan Sobre El Estado De Tu Cuerpo Y Aprovéchalos Para Permanecer Saludable

Las Leyes De La Energía Humana A Través De Los Sueños, Cómo Gestionar Mejor Tu Energía, Aumentarla Y Evitar Estados Depresivos Usando Tus Sueños

Cómo Conocer Los Secretos, Enigmas Y Misterios Del Antiguo Egipto Y De Todas Las Antiguas Civilizaciones

Enfoque científico y biológico de los sueños:

Para Francia, consulte el sitio web de la Universidad de Lyon 1: http://sommeil.univ-lyon1.fr/index_f.html

CHANGEUX Jean-Pierre, *L'homme neuronal*, Fayard, Paris, 1983

Derek Denton, *L'émergence de la conscience*, Flammarion, 1998

DOSSEY, Larry, *Reinventing Medicine: Beyond Mind-Body To A New Era Of Healing*, Nueva York, Harper Collins, 1999 relata en sus primeros capítulos todos los experimentos científicos realizados en los Estados Unidos, en ocasiones por prestigiosas instituciones como la Universidad de Harvard, Boston.

FERGUSON Marilyn, *La révolution du cerveau*, Paris, J'ai Lu, 1973, titre original: *The Brain Revolution*.

JOUVET Michel, *Le sommeil et le rêve*, Paris, O. Jacob, 2000.

KRIPPNER Stanley, RUBIN Daniel, *L'effet Kirlian*, Paris, Sand, 1985

La recherche en intelligence artificielle, Seuil, Collection Points sciences

L'espace et le temps aujourd'hui, Seuil, collection Points Sciences

Revue des Sciences Morales et Politiques, año 1987, ver los discursos en particular de Jean Bernard, Jean-Claude Pecker, Laurent Schwartz, François Jacob, Jean Hamburger

SCHWEIZER Marlyse, *Mon corps, est-ce moi?*, Genève, La joie de Lire, 1994

WALLICH, Eric "Qu'est-ce que la conscience", in *UNIVERS SANTE*, N° 7 avril 1996, p. 38

WOODS Ralph L. and GREENHOUSE Herbert B., Editors, *The New World of Dreams,* Nueva York, Macmillan Publishing Co, inc., 1974.

Encontrarás en este libro muchos artículos escritos por científicos que han estudiado el sueño, sus ciclos, los efectos de las drogas, medicinas, alcohol y estimulantes en el proceso onírico, los efectos de la privación del sueño en humanos y animales, o de la privación del ciclo de sueño REM.

NOTAS

1 JACOB (F). *Revue des Sciences morales et politiques,* París, 1987, "Ciencia de día, ciencia de noche", p. 59 y ss.

2 BERNARD (Jean), Création scientifique et création artistique "Revue des Sciences morales et politiques, 1987, n° 4 p. 637

3 François JACOB (biólogo, Premio Nobel de Medicina) Revue des sciences morales et politiques "Science de jour, science de nuit",, p. 59 y ss.

4 HAMBURGER (Jean), "De l'art de raisonner en biologie et en médecine, Revue des Sciences morales et politiques, 1987, n° 1 p. 7 y ss.

5 Revue des sciences morales et politiques 1987, n° 3 p. 325

6 Serie de conferencias realizadas en la Academia de Ciencias Morales y Políticas de Francia, sobre el proceso mental de la creación científica y reportadas en: *Revue des Sciences Morales et Politiques,* París, 1987, *ver* los discursos en particular de Jean BERNARD, Jean-Claude PECKER, Laurent SCHWARTZ, François JACOB, Jean HAMBURGER.

7   Sobre   este   punto   ver:
http://www.asdreams.org/journal/issues/asdj11-2.htm#Barrett

8 Véase sobre este tema CG JUNG, Essai d'exploration de l'inconscient, Coll. FOLIO ESSAIS, n° 90, p. 61

9 Sören KIERKEGAARD, *Traité du désespoir*, traducido por Knud FERLOV y Jean-Jacques GATEAU, Paris, Gallimard, Folio Essais, 1949, p. 61; *ver* también p. 87 et p. 89: "Le moi est formé d'infini et de fini "..

10 Sobre la fotografía Kirlian ver notas n° 14.

11 Para una presentación sintética de la acupuntura china y su filosofía, CHANH Doctor Tran Tien, *L'acupuncture et le Tao,* Meudon, Editions Partage, 1988.

12 Información extraída del libro de CHANGEUX Jean-Pierre, *NEURONAL MAN, The Biology of Mind,* New York, Oxford, Oxford University Press, 1986, p. 60. Véase sobre el uso del electroencefalograma para experimentos de laboratorio sobre los sueños: Ralph L. Woods y Herbert B. Greenhouse, Editors, *The New World of Dreams,* Nueva York, Macmillan Publishing Co, inc., segunda impresión 1974, p. 278. Permite medir las variaciones de potencial eléctrico del cerebro.

13 Para los dispositivos comercializados actualmente, consulte: www.auracamera.com.

14 Según Georges HADJO, la investigación en electrografía comenzó en 1900 y Semyon KIRLIAN no conocía los resultados de sus predecesores: CARSTEN en Inglaterra y Henri BARADUC y Lodko NARKIEWIEZ en París en 1896. Ver su interesante artículo sobre este

tema: *L'effet Kirlian*, in *Bio Contact*, Gaillac, France, n° 112, Mars 2002, biocontact@wanadoo.fr. *Ver* LINDGREN C. E. (Editor), *Capturing the Aura: Integrating Science, Technology and Metaphysics*, Blue Dolphin Pub, June 2000; KRIPPNER Stanley and RUBIN Daniel, *Kirlian Aura*, Garden City. N.Y., Doubleday & Co, 1974, en francès: Stanley KRIPPNER, Daniel RUBIN, *L'effet Kirlian*, Paris, Sand, 1985. *The Human Aura in Acupuncture and Kirlian Photography* (Social Change Series), Acupuncture, and Western hemisphere Conference on Kirlian Phtotography, Gordon and Breach Science Pub; 1974.

15 Bernard Guérin, *Bioénergétique*, EDP SCIENCES, 2004.

16 Demócrito pensaba que captamos a través de los poros las imágenes emitidas por los objetos y por las personas y que estas imágenes transmiten emociones. (ver JP DUMONT, *Les Présocratiques*, Paris, Pléïade, Folio Essai, 1988, p. 542, citado por Jackie PIGEAUD en los comentarios sobre la traducción de *La Vérité des songes*, Aristóteles, *op. cit.*

17 Los Antiguos no nos dejaron estudios exhaustivos de la interacción materia-inmaterial durante el proceso onírico. Estaban demasiado metidos en la adivinación y la interpretación de los sueños para fines prácticos. También parece que los autores, como otras personas, descuidaron su propia autoobservación onírica. Aristóteles no parece tener un gran conocimiento íntimo de este fenómeno. En cuanto a Artemidoro, muy conocido por su *Oneirocrítica* (Artémidore, *la Clef des Songes,*

Onirocritique, Traducido del griego y presentado por Jean-Yves BORIAUD, París, Editions Arléa, 1998), la introspección no parece haber sido la base de su experiencia. Éste, escribe, lo forjó a través del viaje p. 14 "produciendo hechos de experiencia, así como pruebas de logros". Escribe (pág. 14):

"Por mi parte, no hay libro de exégesis onírica que no haya adquirido, poniendo toda mi ambición en esta investigación; pero, aunque los adivinos en las plazas públicas estan denigrados, denunciados como charlatanes, impostores y bufones por gentes de rostros serios y cejas altivas. Despreciando a mi vez estas calumnias, los frecuenté durante años, en las ciudades griegas, durante la panegiria, en Asia e Italia, y en las islas más grandes y pobladas, escuchando la historia de los sueños de antaño y sus realizaciones, único medio de ejercitarse suficientemente en esta disciplina."

Artemidoro no había puesto el fenómeno onírico en un proceso vital más global. Pero no es el único, todos los libros de sueños antiguos o modernos están demasiado centrados en el contenido de los sueños y carecen de apertura a las realidades que permitirían una mejor comprensión del proceso onírico. En el antiguo Egipto, como escribe EA WALLIS-BUDGE, también era la adivinación lo que interesaba a la gente, y los magos egipcios habían desarrollado fórmulas mágicas para inducir sueños sobre el futuro, como las que se encuentran en el Papiro No. 122 del British Museum, líneas 64 y siguientes y línea 359 y siguientes. Ver: EA Wallis-Budge, "Dream magic of Ancient Egypt", 129-130, en Ralph L. Woods y Herbert B. Greenhouse, Editors, The

New World of Dreams, Nueva York, Macmillan Publishing Co, inc., *segunda* impresión 1974.

18 En este sentido, *ver* DOSSEY, Larry, *Reinventing Medicine: Beyond Mind-Body To A New Era Of Healing*, New York, Haper Collins, 1999, p. 80, sobre el hecho de que el cerebro actúa como filtro.

19 *Ver* SNOW Chet B., WAMBACH Helen, *op.cit.*, pag. 64; y FERGUSON, Marilyn, *La révolution du cerveau*, París, J'ai Lu, 1973, Título original: *The Brain Revolution*, p. 169.

20Sobre el efecto reductor de la mente consciente visto a través de la práctica de la hipnosis ver: Chet B. SNOW, Helen WAMBACH, *Vision du futur de l'humanité, op. cit.*, pág. 64.

21 MOSS Robert, *Dreaming True, op. cit.*, pág. XIII.

22 Sobre este tema ver: EGGAN Dorothy, "The Culture Shapes the Dream", p. 120-124, en Ralph L. Woods y Herbert B. Greenhouse, Editors, *The New World of Dreams*, Nueva York, Macmillan Publishing Co, inc., segunda impresión 1974.

23 Por ejemplo: CHEVALIER Jean, GHEERBRANT Alain, *Dictionnaire des Symboles*, Laffont, Jupiter, collection Bouquins,

París, 1982.

24 La experiencia de aislamiento está fuertemente desaconsejada para las personas deprimidas.

25 Ver el video sobre la muerte en los sueños

https://www.youtube.com/@elsignificadodetussuenos

26 Para ejemplos de sueños que anuncian la muerte o advierten del peligro de muerte ver: KELSEY Morton, *Dreams: A Way to Listen to God*, New York/Mahwah, Paulist Press, 1989, p. 13, pág. 44, pág. 72, pág. 74 y pág.79. Ver también: Ralph L. Woods y Herbert B. Greenhouse, Editors, *The New World of Dreams*, Nueva York, Macmillan Publishing Co, inc., segunda impresión 1974, p. 132.

27 Para un ejemplo famoso que cambió el curso de nuestra historia, *ver* DEE Nerys, *Your Dreams and what They Mean*, Londres y San Francisco, Thorsons, 1984, p. 28

28 GALEN, *On diagnosis from dreams*, Traducción de ST OBERHELMAN, J. Histoire médicale 38, 1983, p. 36-47; HIPPOCRATE, *Du Régime*, traducción de R. JOLY, París Belles Lettres, 1967.

29 *Maat, La Filosofía De La Justicia En El Antiguo Egipto*, Anna Mancini, Buenos Books America

30 Pero también de trenes para algunas personas.

31 DESCARTES, *Discours de la Méthode*, Paris, Edition Garnier Flammarion, 1996, p 208. Ver sobre la vida de DESCARTES, RODIS-LEWIS Geneviève, *DESCARTES: biographie*, París, Calmann-Lévy, 1995.

32 Esto también fue observado por Robert MOSS en *Dreamsgate, op. cit.*, pág. 303.

33 MOSS Robert, *Dreamsgate, op. cit.*, pág. 216.

34 Para ver ejemplos citados por un médico estadounidense contemporáneo, ver: DOSSEY, Larry,

Reinventing Medicine: Beyond Mind-Body To A New Era Of Healing, Nueva York, Haper Collins, 1999, p. 123.

35 Anna MANCINI, *El Significado de los sueños,* Buenos Books America, 2003

36 Esta experiencia no es recomendable para personas con depresión.

37 BERBEROVA Nina, *C'est moi qui souligne,* traducido del ruso por Anne y René MISSLIN, París, J'ai Lu, p. 447.

38 Ver, por ejemplo, el Papiro HUNEFER, British Museum, 9901/3.

39 Esta observación también la han hecho otros autores, ver, por ejemplo: Robert MOSS, *Dreaming True, How to Dream Your Future and Change Your Life for the Better,* Nueva York, Pocket Books, septiembre de 2000, p. 29 y pág. 189.

40 *Ver* nota 26.

41 La escritora Isabel ALLENDE asegura haber sabido de antemano a través de sus sueños que iba a quedar embarazada y el sexo del niño por venir y dice que ahora usa esta "facultad" para sus descendientes, ALLENDE Isabel, *Paula, op.cit.,* p. 158. Ver también sobre sueños de anuncio de nacimiento: MALINOWSKI Bronislaw, "The dream is the Cause of the Wish", p.118-119: "Otra clase de sueño típico se relaciona con el nacimiento de bebés. En estos, la futura madre tiene una especie de anuncio onírico de uno de sus parientes muertos", en Ralph L. Woods y Herbert B. Greenhouse, Editors, *The New World of Dreams,* Nueva York, Macmillan Publishing Co, inc., segunda impresión 1974, pág. 119.

42 Ver en la sección de preguntas y respuestas el apartado Pesadillas de origen psicológico de mi obra ya citada, *El Significado de los sueños*.

43 Ver, por ejemplo, el ciclo de conferencias que tuvo lugar en la Academia de Ciencias Morales y Políticas de Francia, sobre el Proceso mental de la creación científica y relatadas en: *Revue des Sciences Morales et Politiques*, París, *1987, ver* los discursos en particular de Jean BERNARD, Jean-Claude PECKER, Laurent SCHWARTZ, François JACOB, Jean HAMBURGER.

44 CG JUNG, *Ma vie*, Collection Témoins, Gallimard, p. 229.

45 CG JUNG, *Essai d'Exploration de l'Inconscient*, Col. FOLIO essais, No. 90, pág. 61.

El psicoanalista CG JUNG escribió al final de su vida la citada obra, que se considera su testamento; en el que expone el resultado de las observaciones de toda una vida profesional sobre la intuición y el fenómeno de los sueños. El autor escribe: "Muchos filósofos, artistas e incluso eruditos deben algunas de sus mejores ideas a inspiraciones repentinas del inconsciente". Luego da ejemplos: "el matemático Poincaré y el químico KéKULé obtuvieron, según su propia admisión, desde importantes descubrimientos hasta repentinas imágenes reveladoras que emergen del inconsciente". El autor dice pág. 157 del mismo libro: "Incluso la física, la más rigurosa de las ciencias aplicadas, depende en un grado asombroso de la intuición, que actúa a través del inconsciente...".

46 *Revue des Sciences Morales et Politiques*, 1987, n° 3, p. 325 Laurent SCHWARTZ, "De certains processus

mentaux dans la découverte en mathématiques". (De ciertos procesos mentales en el descubrimiento en matemáticas).

47 Derek DENTON, *L'émergence de la conscience*, Paris, Editions Flammarion, p. 128

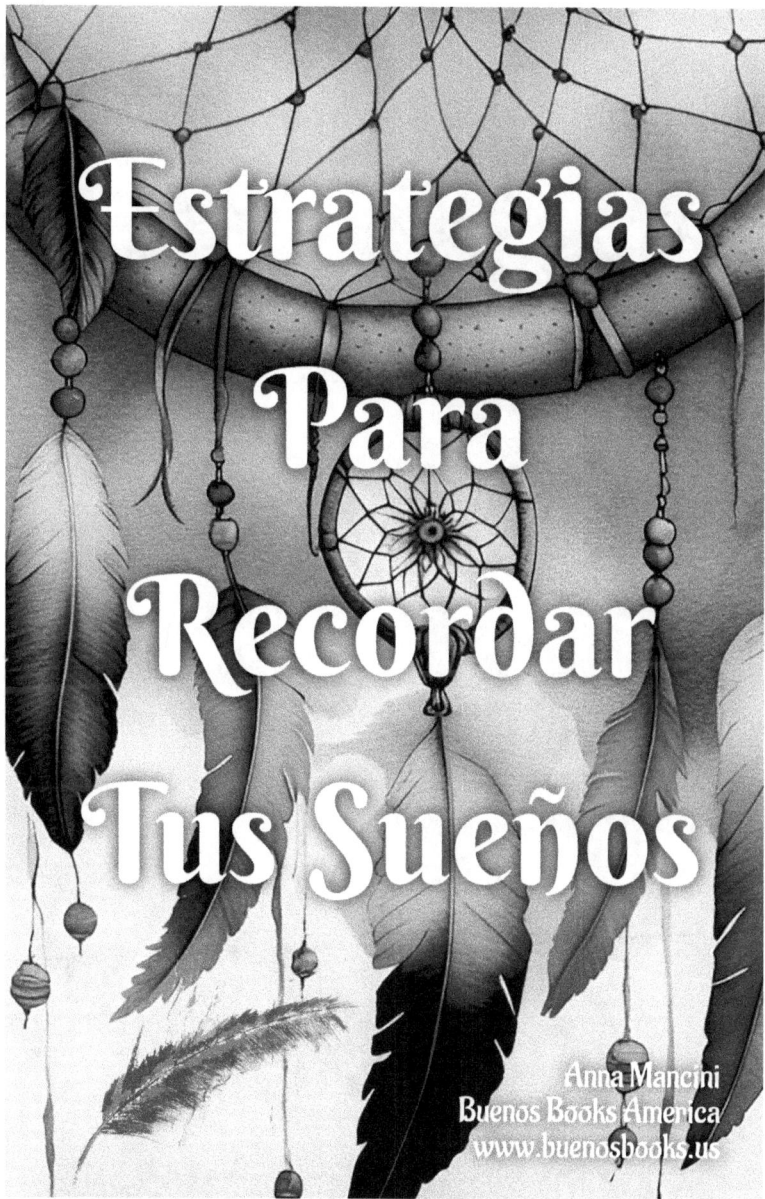

Estrategias Para Recordar Tus Sueños

Anna Mancini
Buenos Books America
www.buenosbooks.us